읽으면서
바로 배우는
삼국지
고사성어

대일출판사

읽으면서
바로 배우는
삼국지
고사성어

글 박민호 그림 이우정

발행 2022년 9월 20일

펴낸이 오동섭
펴낸곳 대일출판사
주소 서울특별시 동대문구 하정로42 (신설동) 옥도빌딩 3층.
전화 766-2331~3
팩스 745-7883
등록 제1- 87호 (1972.10.16.)
편집 • 디자인 정글북
ⓒ대일출판사
ISBN 978-89-7795-575-2   73800

이 책에 실린 글, 그림은 저작권자의 동의 없이 무단전재나 복제를 할 수없습니다.
잘못 만들어진 책은 구입하신 서점에서 바꿔 드립니다.

대일출판사는 아이와 같은 순수함으로 좋은 책을 만듭니다.
해맑은 아이의 웃음을 책에 담습니다.

읽으면서 바로 배우는
삼국지 고사성어

글 박민호   그림 이우정

삼국 시대(三國時代 220-280년)

중국 후한 말, 흉년이 들어 배고픈 백성들이 태평도(太平道)의 교주인 장각(張角)에게 모여들어 누런 수건을 머리에 두르고 난을 일으켰는데, 이를 '황건적(黃巾賊)의 난'이라고 한다. 그러자 한나라 조정에서는 황건적을 물리치려고 군사를 모집했고, 전국 곳곳에서는 많은 영웅들이 나타나 의병을 일으켜 그 위세를 과시했다. 그러면서 영웅들은 '동탁(董卓)의 난'을 계기로 그들의 세력 확장에 힘을 기울였다.

이 영웅들 중에서 조조와 유비, 손권이 중국 천하를 셋으로 나누고 각각 나라를 세웠다. 그 나라가 바로 위(魏), 촉[蜀, 촉한(蜀漢)], 오(吳)이다.

삼국 중, 중원에서 세력을 잡은 영웅은 위나라의 조조(曹操)였다. 조조는 뛰어난 전략가로서 전투할 때에는 언제나 앞장서서 군사들을 직접 지휘했다. 얼마 후, 조조는 장안에서 도망해 온 헌제(獻帝)를 맞아들였다. 하늘의 뜻을 받아 천하를 다스리는 천자로서, 후한의 마지막 황제인 헌제를 등에 업은 조조는 영웅들의 세력을 제압했다. 그러면서 최고의 명문 출신 원소를 관

도 대전(官渡大戰)에서 물리쳐 중원 통일의 기초를 마련했다. 이렇게 해서 황제를 보필하는 최고 관직인 승상(丞相) 자리에 오른 조조의 위세는 하늘을 찌를 듯했다. 마침내 208년, 천하 통일의 대업을 완성하기 위해서 조조는 80만 대군을 강동으로 출동시켰다.

그러나 제갈량(諸葛亮)을 삼고의 예로 맞아들인 촉나라 유비(劉備)와 오나라 손권(孫權)의 연합군에게 대패하고 말았다. 이렇게 해서 조조의 천하 통일의 꿈은 산산조각 나고 말았다. 이 전투가 바로 그 유명한 적벽 대전(赤壁大戰)이다.

촉나라의 유비는 적벽 대전을 승리로 이끌어 나라의 기반을 튼튼하게 다져 갔다. 그러면서 형주(荊州)를 확보하고 익주(益州)로 들어간 유비는 유장(劉璋)을 내쫓고 성도(成都)를 점령했다.
그런데 헌제가 220년에 조조의 아들 조비에게 황제의 자리를 내주고 말았는데, 이로써 사실상 후한은 멸

망한 것이다. 이에 분노한 유비는 한(漢) 황실 후계자로서 221년 청두에서 제위에 올랐고, 제갈량을 승상에 임명했다. 그러나 형주를 빼앗고, 동생 관우(關羽)의 목숨까지 빼앗은 오나라 손권과의 일전에서 많은 병사들을 잃고 패하고 말았다. 얼마 후, 유비는 병이 들어 중원 통일의 꿈을 이루지 못하고 223년 백제성(白帝城)에서 세상을 떠나고 말았다. 그 후, 제갈량은 중원을 회복하겠다는 뜻을 높이 세우고 후주(後主)인 유선(劉禪)을 돕기로 마음먹었다. 그러고는 애국심과 충정심이 담긴 출사표(出師表)를 두 번이나 올렸다. 그런 뒤에 제갈량은 여섯 번이나 위나라를 공격했지만 성공을 거두지 못했다. 그때 위나라는 조비가 다스리고 있었는데, 제갈량은 위나라를 끝내 무너뜨리지 못하고 오장원(五丈原)의 진중에서 세상을 떠나고 말았다.

형인 손책이 세상을 떠난 뒤, 강동에 오나라를 세운 손권은 그의 세력을 점점 강하게 키워 갔다. 그러다가 촉나라와 영유권 문제가 생기게 되었다. 그곳이 바로 형주였다. 손권은 그때, 형주를 지키던 관우를 맥성에서 생포했고, 끝내는 그의 목숨을 빼앗고 말았다. 이에 분노한 유비는 손권과 일전을

벌였지만, 패하고 말았다. 유비를 격퇴시킨 손권은 세력을 점점 더 확대해 나갔다.

이들 위, 촉, 오 삼국은 반세기 동안 서로의 세력을 겨루면서 역사의 한 장을 화려하게 장식했다.
그러나 오랜 기간 오장원에서 제갈량과 대치했던 위나라 대장군 사마의의 손자인 사마염(司馬炎)이 세운 서진(西晉)에 의해 280년 삼국 시대는 막을 내리고 말았다.

여기에 나오는 이야기들은 나관중이 지은 《삼국지연의(三國志演義)》를 중심으로 엮었다.

박민호

유비, 관우, 장비 의형제를 맺다
도원결의(桃園結義) ……………… 10

안전하고 완전한 대책
만전지책(萬全之策) ……………… 22

서두르지 말고 침착하게
격안관화(隔岸觀火) ……………… 32

충고의 참뜻을 깨달은 손권
개문읍도(開門揖盜) ……………… 42

아는 것이 병이다
식자우환(識字憂患) ……………… 54

그분이 누구십니까?
복룡봉추(伏龍鳳雛) ……………… 62

큰형님은 자존심도 없수?
삼고초려(三顧草廬) ……………… 70

유비와 제갈량의 사이
수어지교(水魚之交) ……………… 82

귀중한 교훈
당랑포선(螳螂捕蟬) ……………… 90

그 역할은 제가 맡겠습니다.
고육지계(苦肉之計) ……………… 102

은혜를 갚는 게 사람의 도리
허허실실(虛虛實實) ……………… 114

저 혼자로 충분 하옵니다.
백미(白眉) ………………………………… 126

책을 읽을 때는
독서백편의자현(讀書百編義自見) …………… 134

아니, 자네가 여몽 맞는가?
괄목상대(刮目相對) ……………………… 140

지금은 일단 철수
계륵(鷄肋) ………………………………… 150

아니 되옵니다
내조지공(內助之功) ……………………… 156

저 녀석은 눈엣가시야
칠보지재(七步之才) ……………………… 162

맹획을 풀어 줘라!
칠종칠금(七縱七擒) ……………………… 170

아, 마속. 이제는 어쩔 수 없구나
읍참마속(泣斬馬謖) ……………………… 178

아무래도 예감이 불길해
반골(反骨) ………………………………… 190

넌 왜 그 모양이냐?
대기만성(大器晚成) ……………………… 200

오나라의 도읍으로 진군!
파죽지세(破竹之勢) ……………………… 208

도원결의(桃園結義)

桃 : 복숭아 도
園 : 동산 원
結 : 맺을 결
義 : 의로울 의

풀이
복숭아 동산에서 의형제를 맺는다는 뜻으로, 서로 다른 사람들이 개인 욕심을 버리고 하나의 목적을 위해 마음을 합친다는 말이다. 유비와 관우 그리고 장비가 의형제를 맺은 것을 말한다.

동의어
결의형제(結義兄弟) : 의형제를 맺는다는 뜻.

도원결의(桃園結義)

유비, 관우, 장비 의형제를 맺다

한나라는 전한(前漢)과 후한(後漢)으로 구분된다. 전한은 외척(外戚)들 때문에 망했고, 후한은 환관(宦官)들의 횡포 때문에 망했다. 그러나 후한이 망한 가장 큰 원인은 황건적의 난 때문이다.

후한 말, 나라의 기강은 문란해지고, 흉년까지 겹쳐서 굶주림에 시달리던 백성들은 태평도(太平道)의 교주인 장각(張角)의 깃발 아래로 모여들었다. 마침내 이들은 누런 수건을 머리에 두른 도적 떼가 되어 난을 일으켰는데, 이를 '황건적(黃巾賊)의 난'이라고 한다.

"폐하, 난리가 났사옵니다. 도적 떼가 들고일어났사옵니다. 그 수가 무려 오십만 명이 넘는다 하옵니다."

"아, 이를 어찌해야 한단 말인가!"

"폐하, 지금 관군으로 이 난리를 진압하기는 어렵사옵니다. 하오니 각 지방 관리들에게 명하시어 병사들을 모집케 하옵소서!"

"어서 시행토록 하시오!"

"분부 거행하겠나이다."

이렇게 해서 전국 방방곡곡에 병사를 모집한다는 방이 나붙었다.

유주(幽州)의 탁현에 있는 장터에도 방이 붙었다.

"장차 이 나라가 어찌 될꼬, 에휴우……."

돗자리를 팔러 나왔다가 방을 본 유비(劉備)는 나라 걱정에 깊은 한숨을 쉬었다.

바로 그때, 한 사나이가 톡 쏘아 말했다.

"젊은 사람이 나라를 위해 싸울 생각은 않고 왜 한숨만 내쉬는 게요?"

수염이 덥수룩하고 건장한 사나이를 본 유비는 겁이 덜컥 났다.

"아 아니, 뉘시온지?"

"나는 장비라 하오."

목소리까지 쩌렁쩌렁 울렸다.

'이 사람, 꼭 산적같이 생겼구먼. 하지만 건장한 체격에 맑은 눈을 가졌으니 나라를 위해 큰일을 하겠어. 그건 그렇고…….'

유비는 기가 팍 죽었다. 해서 빨리 그 자리를 피하고 싶었다.

"나는 유비라 하오. 돗자리를 짜서 팔지요. 나는 등에 진 돗자리를 빨리 팔고 돌아가야 하니, 그럼 이만."

이것이 유비와 장비(張飛)의 첫 만남이었다. 유비는 비록 초라한 돗자리 장수지만, 어엿한 한(漢)나라 중산정왕 유승의 자손이었다.

얼마 후였다.

"어머니, 며칠 동안 깊이 생각하고 또 생각을 했습니다. 이제 때가 온 것

같습니다. 어지러운 이 나라를 바로잡을 때가요."

"오! 장한 내 아들, 유비!"

그때, 한 사나이가 집에 있는 유비를 찾아왔다.

"계십니까?"

"아!"

문을 열고 사나이를 본 유비 입에서 감탄사가 툭 튀어나왔다.

"아!"

뒤따라 나와서 사나이를 본 어머니도 마찬가지였다.

유비와 어머니는 그의 모습을 찬찬히 훑어보았다.

유비를 찾아온 사나이는 첫눈에 보아도 보통 사람이 아니었다. 가슴까지

늘어뜨린 긴 수염과 당당한 몸집, 넓은 가슴에 넓은 이마, 그리고 반짝반짝 빛나는 눈과 높은 코, 거기에다 일자로 다문 입, 모두가 영웅의 모습 그대로였다. 일전에 장터에서 만난 장비보다 더 큰 인물 같았다.

유비가 사나이에게 물었다.

"뉘시온지요?"

"아!"

유비를 본 사나이의 눈이 반짝 빛났고, 대답 대신 감탄사가 툭 튀어나왔다.

유비 앞에 풀썩 무릎을 꿇고 세 번 절을 한 사나이가 말했다.

"한나라 황실의 자손이 이런 곳에 숨어 계실 줄은 꿈에도 생각 못했습니다. 만일 귀공께서 어려움에 빠진 이 나라를 위해 일하시겠다면, 이 관우는 신하가 되어 한 목숨 기꺼이 바치겠습니다."

"오, 이렇게 고마울 수가!"

유비의 어머니는 무척 기뻤다.

유비가 어머니 앞에서 지금 막 나라를 바로잡겠다는 맹세를 했는데, 때를 맞추어 이 사나이가 나타난 것이 얼마나 신기한 일인가!

"자, 어서 안으로 들어갑시다."

어머니는 관우(關羽)를 뒤뜰로 안내했다.

세 사람이 뒤뜰 복숭아밭으로 걸어가고 있을 때였다.

"계시우?"

세 사람이 동시에 뒤돌아보았다. 유비와 관우, 두 사람의 입에서는 동시에 같은 말이 튀어나왔다.

"장비!"

"장비!"

큰 소리를 지른 두 사람은 서로 깜짝 놀라 얼굴을 마주 보았다.

"그대도 장비를 아시오?"

유비가 물었다.

"알다마다요. 장비와 저는 아주 친한 친구지요."

"허, 그렇습니까? 우연치곤 참 대단한 우연이군요."

"아, 그렇다면……. 하늘이 우리 세 사람을 한 자리에서 함께 만나게 하려고 이곳으로 이끈 것이 틀림없소!"

유비와 관우, 그리고 장비는 복숭아밭으로 갔다. 그러고는 어머니가 차려 준 술상을 앞에 놓고 둘러앉아 술을 마셨다.

관우가 입을 열었다.

"유비 공! 우리가 이렇게 모인 건 공의 선조이신 경제께서 시키신 일 같지 않습니까? 우리에게는 아직 군대가 없습니다. 하지만 우리 셋이 힘을 모은다면 못 할 일이 없습니다. 그래서 유비 공을 우리의 주군으로 모시고자 합니다. 여보게, 장비. 자네 생각은 어떤가?"

"두말하면 잔소리죠. 난 유비 공을 주군으로 모시려고 이렇게 달려온 거라구요."

"하하하……."

장비가 시원하게 대답하자, 관우는 통쾌하게 웃었다.

"자 잠깐. 내 말 좀 들어 보시오……."

유비는 두 사람의 말을 가로막았다. 그러고는 무엇인가를 생각하고 나서 말했다.

"나는 한나라 황실의 핏줄을 이어받은 몸이오. 하지만 이런 시골구석에서 자라, 주군으로서의 덕도 없고 수양도 쌓지 못했소이다."

"아닙니다. 저는 첫눈에 유비 공이 주군이 될 훌륭한 인품을 갖추고 있다는 걸 알았습니다."

관우가 목에 힘을 주고 말했다.

"하지만 난 주군이 될 자격이 모자라오. 그건 그렇고, 우리의 만남은 하늘이 내려 주신 것이니, 우리 세 사람이 의형제를 맺기로 합시다. 주군과 신하로서의 맹세는 우리가 나라를 세운 뒤에 합시다."

"그거 좋습니다."

"나도 대찬성이유."

"도원결의를 위하여!"

잔을 든 유비가 목청을 높이자, 관우와 장비가 잔을 힘껏 들었다.

"위하여!"

"나두!"

이렇게 세 사람은 복숭아밭에서 의형제(義兄弟)를 맺고 천하를 위해 일하기로 맹세를 했다.

얼마 후, 세 사람은 의병 300여 명을 모아 황건적 토벌에 가담하게 되었다.

그런 후, 유비는 제갈량을 군사(軍師)로 맞아들여 촉나라를 세우고, 조조의 위나라와 그리고 손권의 오나라와 함께 삼국 시대를 이루었다.

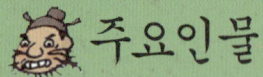 주요인물

유비(劉備, 161-223)

촉[蜀, 촉한(蜀漢)]의 제1대 황제(재위 221-223)로, 자는 현덕(玄德)이다. 전한의 황자(皇子) 중산정왕(中山靖王)의 후손으로, 의형제를 맺은 관우, 장비와 함께 황건적을 쳐서 공을 세우고 난 뒤에 제갈량의 도움으로 오나라의 손권과 함께 조조의 대군을 적벽에서 무찔렀다. 220년 조비가 한나라 헌제의 양위를 받아 위나라의 황제가 되자, 221년 유비도 제위에 올라 한의 정통을 계승한다는 뜻으로 나라의 이름을 한[漢, 촉한(蜀漢)]이라고 했다. 이릉(夷陵) 전투에서 대패한 유비는 백제성(白帝城)에서 뒷일을 제갈량에게 맡기고 세상을 떠났다.

관우(關羽, ?-219)

촉나라의 장군으로, 자는 운장(雲長)이다. 후한 말, 탁현에서 유비와 장비와 의형제를 맺고, 평생 그 의를 저버리지 않았다. 200년, 유비가 조조에게 패했을 때, 관우도 사로잡혔지만 조조의 극진한 대접을 받았다. 그러나 관우는 조조의 편이 되지 않고 원소의 부하 안량을 베어 조조에게 보답한 뒤에 유비에게 돌아갔다. 208년 적벽 대전에서 큰 공을 세운 뒤에 관우는 형주를 굳건히 지켰다. 이를 두려워한 조조와 손권 군대의 공격을 받고 끝내 사로잡혀서 저세상으로 떠나고 말았다.

장비(張飛, ?-221)

촉나라의 장군으로, 자는 익덕(益德·翼德)이다. 유비, 관우와 함께 의형제를 맺어 죽을 때까지 그 의를 지켰다. 후한 말 많은 전투에서 용맹을 떨쳤다. 유비의 익주 공략 때는 주력 부대를 이끌고 큰 공을 세워 파서 태수(巴西太守)가 되었다. 그 후, 위나라 장군 장합이 파서로 쳐들어오자 이를 물리쳤다. 유비와 함께 세상을 떠난 관우의 복수를 위해서 오나라를 치려고 준비하던 중에 부하에게 암살되고 말았다. 형주에 있던 유비가 조조의 대군에게 쫓길 때였다. 장판교(長坂橋)에서 "내가 장비다" 하고 쫓아오는 위군을 물리쳤다는 이야기가 널리 알려져 있다.

읽으면서 바로 배우는 한자

桃 복숭아 도

武陵桃源(무릉도원) : 이상향, 별천지를 비유하는 말.

扁桃腺(편도선) : 사람의 입 속 양쪽 구석에 하나씩 있는 편평하고 타원형의 림프 샘.

桃三李四(도삼이사) : 복숭아나무는 심은 지 3년이 지나야 열매를 맺고, 자두나무는 4년이 지나야 열매를 맺는다는 말.

餘桃之罪(여도지죄) : 같은 행동이라도, 사랑을 받을 때와 미움을 받을 때 각각 다르게 받아들여진다는 것을 비유하는 말.

園 동산 원

果樹園(과수원) : 과일 나무를 많이 심어 가꾸어 과일을 생산하는 밭.

園頭幕(원두막) : 참외나 수박 같은 밭을 지키려고 그 밭머리에 높게 지은 막.

公園(공원) : 여러 사람의 휴식이나 놀이 등을 위해 동산처럼 만든 곳이나, 그렇게 이용하는 자연 동산 및 자연경관이 뛰어난 곳.

樂園(낙원) : 어떤 걱정이나 근심 없이 즐겁게 살 수 있는 곳.

遊園地(유원지) : 놀기 좋게 시설된 곳.

結 맺을 결

結束(결속) : 1. 한 덩이가 되게 묶음.
          2. 서로의 마음이나 힘을 하나로 합함.

結者解之(결자해지) : 자기가 관계했거나 저지른 일에 대해서는 자신이 해결해야 한다는 뜻.

姉妹結緣(자매결연) : 어떤 지역, 단체가 자매의 관계를 맺는 일.

起承轉結(기승전결) : 논문 등의 글을 짓는 체계. 문제를 제기하는 것을 '기', 그 문제를 받아서 전개하는 것을 '승', 그것을 결정적 방향으로 돌리는 것을 '전', 거두어서 끝맺는 것을 '결'이라 함.

義 의로울 의

大義名分(대의명분) : 사람으로서 당연히 지켜야 할 도리와 본분.

不義(불의) : 의리와 도의, 정의에 어긋나는 일.

義務(의무) : 1. 당연히 해야 할 일.
          2. 도덕적 필연성에 따르는 요구.

義擧(의거) : 정의를 위해서 일어나는 것.

만전지책(萬全之策)

萬 : 일만 만
全 : 온전할 전
之 : 갈 지, 어조사 지
策 : 꾀 책

풀이
아주 안전하고 완전한 책략이라는 뜻으로, 조금의 허술함도 없는 완전한 대책이라는 말.

준말
만전책(萬全策)

동의어
만전지계(萬全之計)

출전 : 《후한서(後漢書)》

만전지책(萬全之策)

안전하고 완전한 대책

후한 말, 관도에서 위나라 조조(曹操)의 군대와 하북을 장악하고 화북에서 가장 세력이 강한 원소의 군대가 대치하고 있을 때였다.

이때, 원소가 거느리고 있는 병사는 10만 명이 넘었다. 그런데 조조가 이끌고 온 병사는 3만 명을 겨우 넘었을 뿐이다.

그러던 어느 날이었다. 조조가 참모 회의를 소집했다.

"우리는 지금 원소의 군대와 대치하고 있소. 그런데 우리 군대의 병력이 원소 군대의 병력에 위낙 밀리고 있소. 해서 나는 장군들과 병사들의 안전을 도모하고자, 허창(許昌)으로 후퇴하려 하오. 그대들의 의견은 어떠하오?"

"후퇴라니요? 그건 말도 안 됩니다!"

"그렇습니다. 우리는 병사의 수가 적어서 원소의 군대에게 밀리고 있었지만, 백마(白馬) 전투에서 승리를 거두지 않았습니까?"

"맞습니다. 승리를 거둔 건 물론이고, 원소 군대에 엄청난 해를 입혔습니다. 원소가 아끼는 장군 안량(顔良)과 문추(文丑)를 저세상으로 보냈으니까요."

"그 결과가 중요합니다."

"결과? 그래, 그 결과가 어떠하오?"

사실 조조의 걱정은 태산이었다. 그러나 의외로 장군들이 긍정적으로 나오자, 조조는 은근히 기분이 좋아졌다. 그래서 확인하려고 이렇게 물은 것이다.

"그 결과, 우리 병사들의 사기가 하늘을 찌를 듯이 높아졌다 이겁니다. 전투에서는 병사의 수가 많고 적은 게 승패를 좌우하지 않습니다. 오로

지 저희 장군들이 내리는 명령을 어기지 않고, 죽기를 각오하고 전투를 치르는 병사들의 사기가 승패를 좌우하는 겁니다!"

"그렇습니다!"

"맞습니다!"

"그러니 우리의 도읍인 허창으로 후퇴하시겠다는 생각은 제발 접어 주십시오."

장군들의 말에 조조의 입가에 미소가 물렸다.

"좋소이다. 내 장군들의 의견에 따를 것이오. 적의 수는 엄청나지만, 지금 우리 군대의 사기와 지략은 하늘을 찌르고 있소. 이게 다 장군들 덕분이지요. 또한 병사들 덕분이기도 하고. 그러니 병사들의 사기가 떨어지지 않게 장군들은 각별하게 신경을 써 주시오."

"존명!"

원소는 원소대로 걱정이 태산이었다. 그래서 참모 회의를 열었다.

"장군들도 아다시피, 병사들의 수로만 치면 우린 적들보다 절대 우위에 있소. 하지만 우리는 백마 전투에서 패했을 뿐만 아니라, 안량 장군과 문추 장군을 잃지 않았소? 게다가 병사들의 사기 또한 땅에 뚝 떨어졌으니 이를 어찌 극복해야 한단 말이오. 좋은 책략이 있으면 말해 보시오."

"형주 목사 유표(劉表)에게 도움을 청하심이 어떠하실지요?"

"유표라?"

원소가 고개를 갸우뚱했다.

"그렇게 하시지요!"

장군들이 입을 모았다.

"좋소, 장군들의 뜻이 그러하다면 따를 수밖에. 그렇다면 어서 유표에게 밀사를 파견해서 우리의 뜻을 전하도록 하시오."

"존명!"

그러나 원소의 마음은 편치가 않았다. 유표는 유비의 친척이었기 때문이다.

밀사는 원소의 밀서를 품에 깊숙이 감추고 형주로 말을 몰았다.

부관이 원소에게서 밀사가 왔다고 보고했다.

"그래? 어서 들라고 하라."

들어온 밀사는 유표에게 밀서를 내밀었다.

"직접 쓰신 편지입니다."

원소가 보낸 밀서를 다 읽고 난 유표가 잠시 생각에 잠겼다. 그러더니 고개를 끄덕이고 말했다.

"잘 알겠소. 돌아가서 전하시오. 내 기꺼이 도와 드리겠다고!"

"고맙습니다, 목사!"

원소가 보낸 밀사는 기쁜 소식을 품에 안고 돌아갔다.

그러나 유표는 병사를 한 명도 원소에게 보내지 않았다. 원소와 조조가 어떤 상황이고, 어떻게 움직이는지 파악하고만 있었다.

이를 보다 못해 유표의 측근인 하승과 유선이 진언했다.

"목사, 우리가 아무런 행동을 하지 않고 이렇게 지켜보고만 있으면 결국 양쪽 모두의 원한을 사게 됩니다. 지금 상황으로 보면 조조가 원소의 대군을 격파할 게 뻔합니다."

"그러고는 곧바로 우릴 공격하겠지?"

"그렇습니다, 목사. 그러니 우리는 원소 편을 드는 것보다 조조 편을 드는 게 훨씬 유리할 겁니다. 이게 가장 안전하고 완전한 대책[만전지책(萬全之策)]이라고 생각합니다."

"그건 맞는 말이긴 한데……."

"목사, 빨리 결정을 내리셔야 합니다."

"하지만 말이야……."

망설이기만 하던 유표는 여러 가지로 불리한 상황을 뒤집고 관도 대전에서 승리한 조조에게 화를 당하고 말았다.

조조는 이미 장안에서 도망해 온 헌제를 맞아들였다. 하늘의 뜻을 받아 천하를 다스리는 천자로서, 후한의 마지막 황제인 헌제를 등에 업은 조조는 영웅들의 세력을 제압해 갔다. 그러면서 관도 대전에서 원소를 물리쳐 중원 통일의 기초를 마련했다.

이렇게 해서 황제를 보필하는 최고 관직인 승상 자리에 오른 조조의 위세는 하늘을 찌를 듯했다.

 읽으면서 바로 배우는 한자

萬 일만 만

氣高萬丈(기고만장) : 1. 일이 뜻대로 잘 되어 신이 나서 기세가 대단함.
2. 펄펄 뛸 듯 성이 몹시 나 있음.

萬感(만감) : 여러 가지의 느낌.

萬年筆(만년필) : 펜대 속에 넣은 잉크가 펜촉으로 나와 쓰는 펜의 일종.

萬年雪(만년설) : 아주 추운 지방이나 높은 산에 언제나 녹지 않고 쌓여 있는 눈.

萬里長城(만리장성) : 중국의 역대 왕조가 변경 방위를 위해 쌓은 대성벽. 길이는 2,700km.

萬不當(만부당) : 도저히 이해가 안 되는. 이치에 맞지 않는.

萬壽無疆(만수무강) : 건강과 장수를 축원하는 말.

黃金萬能(황금만능) : 돈만 있으면 무엇이나 마음대로 할 수 있다는 뜻.

全 온전할 전

全盛期(전성기) : 한창 왕성한 때를 이르는 말.

全人敎育(전인교육) : 지식이나 기술 등에 치우치지 않고 인간이 가지고 있는 모든 자질을 전면적, 조화적으로 육성하려는 교육.

全力投球(전력투구) : 1. 할 수 있는 모든 힘을 다 기울임.
　　　　　　　　 2. 야구에서, 투수가 타자를 상대로 있는 힘을 다 해서 공을 던짐.
全天候(전천후) : 어떠한 날씨에서도 제 기능을 다 할 수 있다는 뜻.

策 꾀 책

計策(계책) : 꾸미는 꾀와 방책.

窮餘之策(궁여지책) : 궁박한 나머지 생각하다 못해 짜낸 꾀.

對策(대책) : 어떤 일에 대해서 세우는 계획이나 수단.

彌縫策(미봉책) : 임시로 꾸며서 눈가림만 하는 일시적인 대책.

散策(산책) : 한가한 마음으로 이리저리 거닒.

束手無策(속수무책) : 어찌할 방책이 없어 꼼짝 못하고 있는 형편.

 # 격안관화(隔岸觀火)

隔 : 막을 격
岸 : 언덕 안
觀 : 볼 관
火 : 불 화

풀이
강 건너 불 보듯 한다는 뜻으로, 서두르지 말고 침착하게 때를 기다리라는 말.

유사어
성동격서(聲東擊西) : 동쪽에서 소리내고 서쪽을 친다는 뜻으로, 동쪽을 공격할 것처럼 해서 적이 그 쪽을 방비케 하고, 방비가 허술한 서쪽을 공격한다는 말.
암도진창(暗渡陳倉) : 아무도 모르게 진창으로 나아간다는 말.

출전 : 《삼십육계(三十六計)》

격안관화(隔岸觀火)

서두르지 말고 침착하게

격안관화(隔岸觀火)는 《삼십육계(三十六計)》 중, 〈제9계〉에 해당하는 책략이다.

적의 진영에 내분이 일어나서 혼란에 빠지면 폭동이 일어나기를 가만히 기다려야 한다. 적은 의견이 대립하고, 힘이 분열되어 서로 원수가 되고, 마침내는 멸망을 자초하고 말 것이기 때문이다. 이렇듯이 격안관화는 부드러운 방법을 써서 유리한 결과를 기다리는 책략이다.

이 책략을 쓸 때 주의해야 할 점은, 적 진영에 내분이 일어났다고 적 진영에 함부로 접근하지 말라는 것이다. 경솔하게 쳐들어가 적을 친다면, 적은 흩어졌던 힘을 모아서 반격할 것이 뻔하기 때문이다.

조조는 하북을 평정할 때, 두 차례나 격안관화의 책략을 써 큰 승리를 거두었다.

조조가 첫 번째 격안관화의 책략을 쓴 것은 하북을 점령할 때였다.

관도 대전(官渡大戰)에서 대패한 원소(袁紹)는 화병이 나서 자리에 눕고 말았다. 그러나 원소의 병세는 회복되지 않고 날로 깊어만 갔다.

그러던 어느 날, 원소가 막내아들인 원상을 불러 말했다.

"내 너에게 계승권을 넘겨주고, 너를 대사마에 임명한다……."

이 말이 원소가 남긴 마지막 말이었다.

이럴 때, 조조는 다시 군대를 일으켜 병사들을 직접 이끌고 나섰다. 아버지를 잃고 세력이 약해진 원씨 형제를 없애려고 나선 것이다.

조조의 병사들은 물밀듯이 공격해서 여양을 점령했다. 그러고는 그 기세를 몰아 곧바로 기주성으로 향했다.

"아, 이를 어쩐단 말인가!"

이 소식을 전해 들은 원상은 깜짝 놀랐다. 그래서 큰형인 원담과 둘째 형인 원희, 그리고 장군 고간에게 도움을 청했다.

이들은 모두 힘껏 기주성을 사수하기로 뜻을 모았다.

조조는 몇 차례 공격했지만, 기주성을 점령하지는 못했다.

그때, 책사(策士 : 정책을 기획하고 집행해서 정치의 핵심을 이루는 직책)인 곽가(郭嘉, 봉효)가 조조에게 말했다.

"원소는 막내아들인 원상을 계승자로 삼았습니다. 그리고 원소가 세상을 떠나고 원상은 기주성의 장관이 되었으니, 얼마 후에는 형제 사이에 권력 싸움이 일어날 겁니다. 지금이야 우리 군대가 자기들을 치는 급박한 상황이니 서로 힘을 합쳤을 뿐입니다. 그러니 우리는 지금 군대를 돌

려 남쪽으로 가서 유표를 치면서, 원씨 형제가 싸우기만을 기다리면 됩니다. 그때 재빨리 유표를 치고 와서 기주성을 친다면 아주 쉽게 점령할 수 있을 겁니다."

"오, 과연 그대는 천재 책사!"

곧 작전 회의가 소집되었다. 이 회의에서 조조는 곽가의 말대로 가후를 남겨서 여양을 지키게 했고, 조홍에게 관도를 지키게 했다. 그러고는 목소리를 가다듬고 말했다.

"나는 곧 군대를 돌려서 유표를 치러 가겠소! 어서 준비들 하시오!"

"명 받잡겠습니다!"

조조가 군대를 이끌고 남쪽으로 갔다. 그러자 곽가의 말대로 큰아들 원담과 막내아들 원상 사이에 계승권 쟁탈전이 벌어졌다. 싸움은 점점 치열해졌다. 승리가 점점 더 원상 쪽으로 기울어지자, 원담은 조조에게 은밀하게 사람을 보냈다. 자기를 구원해 달라고.

이 좋은 기회를 놓칠 조조가 아니었다. 재빨리 군대를 돌린 조조는 먼저 원담을 없앴다. 그러고는 원희와 원상을 쳐서 단숨에 하북을 점령했다.

조조가 두 번째로 격안관화의 책략을 쓴 것은 하북을 점령한 후였다.

조조에게 대패한 원희와 원상은 요동으로 도망가 공손강에게 갔다.

하후돈이 조조에게 말했다.

"공손강은 오랫동안 우리에게 대항하고 있습니다. 그런데 지금 원희와 원상이 또 합세했으니, 장차 우리의 큰 후환이 될 것입니다. 아직 공손강은 군대를 일으키지 않았습니다. 이 틈에 우리가 공손강을 친다면 요동을 쉽게 얻을 수 있을 것입니다."

"허허허……"

조조가 웃자, 고개를 갸우뚱한 하후돈이 물었다.

"어찌하여 웃으십니까?"

"너무 걱정하지 마시오. 며칠 후면 공손강이 원희와 원상의 머리를 내게 가져올 것이오."

"네에?"

하후돈은 물론이고 여러 장군들은 조조의 말을 믿지 않았다.

그런데 며칠이 지나지 않아 뜻밖의 일이 벌어졌다. 공손강이 밀사를 보냈는데, 그가 원희와 원상의 머리를 가져왔던 것이다.

"아 아니, 이럴 수가!"

하후돈과 여러 장군들은 조조가 했던 말을 기억하면서 깜짝 놀랐다.

"허허허……."

크게 웃은 뒤에 조조가 숙연한 표정으로 말했다.

"과연 곽가야! 지금은 안타깝게도 세상을 떠났지만, 우리 책사 곽가는 참으로 대단한 인물이오. 자, 보시오."

조조는 곽가가 죽기 전에 자신에게 남겨 준 편지를 꺼내 장군들에게 보였다. 그러고는 하후돈에게 주었다.

"장군, 모두가 듣게 이 편지를 소리내어 읽으시오."

하후돈이 받은 편지를 소리내어 읽었다.

지금 도망친 원희와 원상이 공손강에게 갔습니다. 그러나 군대를 보내지 마십시오. 공손강은 일찍부터 원씨 일가가 요동을 빼앗을까 봐 걱정하고 있었습니다. 그런데 이번에 원희와 원상이 요동으로 갔으니, 반드시 이를 의심할 것입니다. 만약 우리가 그들을 친다면 그들은 힘을 합해 대항할 것이나, 늦춘다면 공손강과 두 원씨는 반드시 서로 싸울 것입니다. 그러니 우리는 기다리기만 하면 되는 것입니다.

이렇게 격안관화의 책략을 쓴 조조는 칼날에 피 한 방울 묻히지 않고 목적을 달성했다.

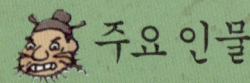

원소(袁紹, ?-202)

자(字)는 본초(本初)로, 4대에 걸쳐 삼공(三公)의 자리에 있던 명문 귀족이었다. 영제(靈帝)가 세상을 떠나자 대장군 하진(何進)의 명을 받아 조조와 함께 강력한 군대를 편성했다. 동탁(董卓)과 힘을 합해 정치를 부패시킨 환관들을 없애려고 했지만 실패하자, 혼자서 환관 2천여 명의 목을 베었다. 그 후, 동탁을 장안(長安)까지 몰아내고 강력한 세력을 구축했다. 그러나 200년에 관도 대전에서 조조에게 패하고 얼마 후에 세상을 떠나고 말았다. 그 후, 큰아들 원담과 둘째 아들 원희, 셋째 아들 원상은 후계자 문제로 싸우다가 모두 조조에게 목숨을 잃고 말았다.

 읽으면서 바로 배우는 한자

隔 막을 격

隔離(격리) : 멀리 떨어지게 한다는 말.
遠隔操作(원격조작) : 기계로부터 먼 곳에서 전파 등을 이용해서 물체나 기기 등을 조종, 혹은 조작함.
隔靴搔痒(격화소양) : 신을 신은 위로 가려운 곳을 긁는다는 뜻으로, 어떤 일의 핵심을 찌르지 못하고 겉돌기만 해서 매우 안타까운 상태.

岸 언덕 안

海岸段丘(해안단구) : 해안선을 따라서 난 계단 꼴이나 높고 평탄한 꼴로 된 땅.
沿岸(연안) : 강이나 호수 또는 바닷가를 따라서 잇닿아 있는 땅.
彼岸(피안) : 강의 건너편 기슭.

觀 볼 관

樂觀(낙관) : 1. 인생을 즐겁게 여기거나 세상을 밝고 좋게 생각함.
              2. 일이 잘되어 갈 것으로 봄.
明若觀火(명약관화) : 불을 보는 것처럼 분명함.

觀相(관상) : 사람의 얼굴 등을 보고, 그 사람의 운명이나 재수 등을 판단하는 것을 이르는 말.

價値觀(가치관) : 사람이 자기를 포함한 세계나 그 속의 만물에 대해서 가지는 평가의 근본적 태도나 보는 방법, 또 가치를 중심으로 보는 관점.

固定觀念(고정관념) : 마음이 저절로 어떤 대상에 쏠려 끊임없이 의식을 지배하며 행동에 영향을 미침.

火 불화

噴火口(분화구) : 화산이 터져서 가스, 수증기, 불 등을 내뿜는 구멍.

燈火可親(등화가친) : 가을이 되어 서늘하므로 밤에 등불을 가까이 해서 글을 읽기에 좋다는 것을 이르는 말.

風前燈火(풍전등화) : 사물이 매우 위태로운 처지에 놓여 있음을 빗댄 말.

電光石火(전광석화) : 번개나 부싯돌의 불이 번쩍이는 것처럼 몹시 짧은 시간, 또는 재빠른 동작을 비유하는 말.

 # 개문읍도(開門揖盜)

開 : 열 개
門 : 문 문
揖 : 읍할 읍
盜 : 도적 도

풀이
문을 열어 놓고 도둑을 맞이한다는 뜻으로, 긴박한 주위 사정을 깨닫지 못하고, 감상이나 비탄에 빠져 제 스스로 화를 불러들인다는 말. 형인 손책이 죽은 뒤에 그의 뒤를 이은 손권이 슬픔에 젖어서 나라 일을 그르칠까 걱정이 되어 장소가 충고한 말.

동의어
개문납도(開門納盜)
개문납적(開門納賊)

개문읍도(開門揖盜)

충고의 참뜻을 깨달은 손권

후한 말의 일이다.

오나라의 장군인 손책(孫策)의 세력이 날이 갈수록 강해지자, 당거의 태수(太守 : 중국 고대의 지방 장관)인 허공(許貢)은 무척 불안했다.

'이거 이러다가 손책에게 당하는 거 아냐? 무슨 수를 써야겠어! 그래, 상서를!'

이렇게 생각한 허공은 하늘의 뜻을 받아 천하를 다스리는 천자로서, 후한의 마지막 황제인 천자 헌제에게 상서를 올렸다. 손책을 제거해야 한다고.

상서(上書)는 웃어른께 글을 올린다는 뜻으로, 여기에서는 태수인 허공이 황제인 헌제에게 손책에 대한 글을 올렸다는 말이다.

그런데 이 상서가 헌제에게 가는 도중 손책의 손에 들어가고 말았다.

"어라, 이게 뭐야. 허공, 감히 네놈이 날 모함해!"

허공의 상서를 본 손책이 몸을 부르르 떨었다.

"여봐라, 당장 허공을 없애라!"

"존명!"

이렇게 해서 손책을 제거하려던 허공은 오히려 손책에게 제거당하고 말았다.

그때, 허공의 집에 머물고 있던 식객(食客) 세 사람은 혼란한 틈을 타서 겨우 도망쳐 나왔다.

멀리 도망친 식객 세 사람은 주막에 들어 머리를 맞대고 앉았다.

"이제 우리는 어찌해야 하나?"

"어찌긴, 태수 허공의 원수를 갚아야지."

"우리 힘으로는 어림없지 않은가?"

"그래도 이대로 물러설 수는 없네!"

"그건 그렇지만……."

세 사람은 이렇게 의견을 나누었지만, 워낙 손책의 힘이 막강해서 별 뾰족한 수를 내지 못했다.

바로 그때였다.

"아, 그렇지!"

한 사람이 탁자를 탁 치고 말을 이었다.

"여보게들, 손책은 사냥을 좋아한다지?"

"그래, 나도 그런 소릴 들었네."

"그렇다면 우리, 손책이 사냥할 때를 노리세."

"좋은 생각일세. 아무래도 사냥터에 나오면 경계가 산만할 테니까, 그때 덮쳐서 손책을 없애자구!"

세 사람은 그날 벌일 일에 차근차근 대비했다.

마침내 손책이 사냥을 하러 간다는 정보가 입수되었다.

"때가 왔네!"

"이제야, 억울하게 죽어 떠돌던 태수 허공의 원혼도 편히 저승으로 갈 수 있게 된 게야."

"그렇지. 여보게들, 그동안 우리가 치밀하게 준비한 대로 실수 없이 큰일을 치르도록 하나하나 점검하세."

세 사람은 신중하게 무기와 장비들을 챙겼다.

밤은 점점 깊어 갔고, 하늘에서는 휘영청 밝은 달이 맑은 빛을 솔솔뿌리고 있었다.

"꼬끼오 꼬꼬……."

드디어 새벽닭이 울고 날이 밝았다.

세 사람은 계획한 대로 착착 진행했다. 생각한 대로 사냥터의 경계는 느슨하게 풀려 있었다.

"둥둥둥……."

사냥터에 북소리가 울려 퍼졌다.

"와와!"

북소리를 신호로 고함을 지르며 병사들의 짐승몰이가 시작되었다. 북소리와 병사들의 고함 소리에 꽹과리 소리와 징 소리가 서로 엉겨붙었다.

바로 그때였다.

손책이 가벼운 차림으로 모습을 드러냈다.

길목에 은밀하게 숨어 있던 세 사람은 숨을 죽이고 기회가 오기를 기다렸다.

손책이 다가오자 세 사람 중 한 사람이 손가락으로 신호를 보냈다. 그러자 눈을 맞춘 세 사람이 고개를 끄덕였다. 그러고는 준비한 무기들을 챙겼다.

세 사람은 표창과 단검을 던지고 활시위를 당겼다. 말을 타고 가던 손책은 날렵한 동작으로 날아오는 표창과 단검과 화살을 피했다.

모든 일은 눈 깜짝할 사이에 벌어졌다.

그 모습을 보고 깜짝 놀란 손책의 부하들은 칼과 창, 활을 들고 달려오는 세 사람에게 일제히 활시위를 당겼다.

"휙휙휙……"

엄청나게 많은 화살이 세 사람에게 날아갔다.

손책은 말에서 떨어졌고, 세 사람은 손책의 부하들이 쏜 화살을 맞고 널브러졌다. 세 사람은 마치 고슴도치 같았다.

손책은 다행히도 목숨은 건졌다. 그러나 얼굴에 깊은 상처를 입고 말았다.

의원들은 재빨리 손책의 상처를 치료했다. 하지만 상처는 좀처럼 낫지 않았다. 오히려 점점 깊어만 갔다.

"아, 내가 이렇게 죽게 되는구나!"

세상을 떠날 때가 된 것을 깨달은 손책은 동생 손권(孫權)을 불러 유언을 남겼다.

"사 사랑하는 아우야, 너 너한테 이 나라를 맡긴다. 부 부디 잘 다스려 다오……."

손책은 이 말을 남기고 스르르 눈을 감았다.

"혀 형님, 흐흐흑……."

형이 세상을 떠나자 손권은 슬퍼하고 또 슬퍼했다. 그러면서 그 자리를 떠나지 않았다.

그 모습을 본 장소가 손권에게 말했다.

"지금은 상황이 매우 위급하옵니다. 하염없이 슬픔에만 잠겨 계시면 아니 되옵니다. 계속 이러신다면 일부러 문을 열어 놓고 도둑을 맞이하는 것[(개문읍도 : 開門揖盜)]과 같사옵니다. 이 어지러운 세상에는 욕심 많은 늑대들이 여기저기서 득실거리고 있사옵니다. 그러니 어서 정신을 차리셔야 하옵니다."

"아!"

장소의 말을 듣고 난 손권의 입에서 느낌표가 툭 튀어나왔다.

충고의 참뜻을 깨달은 손권은 눈물을 거두고 상복을 벗어던지고, 곧바로 갑옷을 입고 나가 군대를 정비하고 병사들을 격려했다.

이렇게 해서 손권은 아버지 손견(孫堅)의 원수인 황조(黃祖)를 무찔렀고, 유비와 연합해 적벽에서 조조의 대군을 격파했다. 이렇게 하여 강남에서 그의 지위를 굳건하게 했다.

얼마 후, 조조의 뒤를 이은 맏아들 조비가 후한의 마지막 황제 헌제를 협박했다.

"그 자리 내게 물려주시오!"

"뭐, 뭐라?"

이름만 천자이고 황제일 뿐, 아무 힘도 없는 헌제는 두말 못 하고 황제의 자리를 조비에게 물려주고 말았다.

이로써 후한은 멸망하게 되었고, 조비는 새로운 나라의 이름을 '위'라 하고 황제의 자리에 올랐다.

이런 끔찍한 소식을 들은 한(漢)나라 황실의 후손인 유비는 뿌드득 이를 갈았다.

"조비, 내가 한(漢)나라 황실의 뒤를 이을 것이다. 조비, 내 너를 가만 두지 않을 것이야!"

이렇게 해서 유비는 제왕의 자리에 오르고 나라의 이름을 '촉(촉한)'이라 했다.

그러자 손권도 제왕의 자리에 올라 위(魏)나라, 오(吳)나라, 촉[蜀, 촉한(蜀漢)]나라의 삼국 시대(三國時代)의 막이 열리게 되었다.

지혜롭고 재주 많은 사리와 노리에 밝은 군주인 손권, 그리고 이를 지극 정성으로 떠받드는 충신인 장소.

이런 군주와 충신의 호흡이 딱 맞고 손발이 척척 맞아서 부국강병(富國强兵)의 국가 경영에 성공한 모습을 잘 보여 주고 있다.

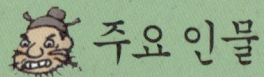 주요 인물

손책(孫策, 175-200)
손권의 형으로, 아버지인 손견(孫堅)이 세상을 떠난 뒤에 원술(袁術) 밑에 있으면서 아버지의 군대를 이어받아 강남(江南)을 평정했다. 그런데 원술이 제위에 오르려 하자, 손책이 격렬하게 반대했다. 이런 사실을 알아차린 조조는 손책을 오후(吳侯)에 봉하고 혼인 관계를 맺어 그와 손을 잡았다. 200년 조조와 원소(袁紹)가 관도에서 대치하고 있을 때 손책은 허도(許都)에 있는 한나라 헌제를 맞아들이려 했지만, 실행에 옮기기 못하고 세상을 떠나고 말았다.

손권(孫權, 182-252)
손견의 둘째 아들이다. 200년에 형인 손책이 세상을 떠나자, 뒤를 이어 강남 발전을 위해 힘썼다. 208년 형주(荊州)를 장악하고 있던 유표가 세상을 떠나자, 아들 유종(劉琮)이 조조에게 항복했다. 이에 힘을 입은 조조가 손권을 더욱 압박했다. 그러자 손권은 촉나라 유비와 손을 잡고 남하한 조조의 대군을 적벽(赤壁)에서 격파해서 강남에서의 지위를 확보했다. 그 후, 형주의 귀속 문제를 둘러싸고 유비와 대립했고, 219년에는 조조와 손을 잡고 관우(關羽)를 격파하고 형주를 공략했다. 221년 조조가 세상을 떠난 뒤에 손권은 황제의 자리에 올랐고, 연호를 황무(黃武)라 했다. 그리고 도읍을 건업[(建業 : 남경(南京)]으로 정했다.

헌제(獻帝, 181-234)
영제(靈帝)가 죽고 소제(少帝)가 즉위했지만, 5개월 만에 폐위되었다. 그러자 헌제가 진류왕에 즉위했는데, 그의 나이 겨우 아홉 살 때였다. 그 무렵에 황건적의 난 등 농민 반란이 잇달았고, 환관과 관료와 외척과 지방 호족의 세력 다툼이 끊이지 않았다. 얼마 후, 그는 조조의 옹립을 받았다. 그러나 실권은 없었고, 220년 조조의 아들 조비에게 자리를 물려주었다. 이로써 후한은 멸망하고 말았다

읽으면서 바로 배우는 한자

開 열 개

開店休業(개점휴업) : 개점은 하고 있으나 돈벌이가 잘 안 되어 휴업한 것과 같은 상태.

開拓(개척) : 1. 황무지를 일구어 농사지을 땅을 넓힘.
2. 새로운 부문의 일을 시작해서 처음으로 길을 닦음.

天地開闢(천지개벽) : 하늘과 땅이 처음으로 열린다는 뜻으로, 자연이나 사회에서 큰 변혁이 일어난 것을 비유한 말.

門 문 문

權門貴族(권문귀족) : 권세가 있는 집안의 귀족.

同門修學(동문수학) : 한 스승 밑에서 같이 학문을 닦고 배움.

杜門不出(두문불출) : 집에만 틀어박혀서 밖에 나가지 않음.

滅門之禍(멸문지화) : 한 집안이 모두 죽임을 당하는 큰 재앙.

門外漢(문외한) : 어떤 일에 전문적 지식이나 조예가 없는 사람.

門前乞食(문전걸식) : 이 집 저 집 돌아다니며 빌어먹음.

頂門一鍼(정문일침) : 따끔하고 매서운 충고나 비판을 이르는 말.

揖 읍할 읍

答揖(답읍) : 답례로 두 손을 마주 잡고 공손히 하는 절.

揖禮(읍례) : 마주 잡은 두 손을 얼굴 앞으로 들어 올리고 허리를 공손하게 굽혔다 펴는 것을 '읍'이라 하는데, 이렇게 읍으로 하는 예나, 그 예법.

揖讓(읍양) : 예를 다해서 사양하는 것을 이르는 말.

盜 도적 도

盜掘(도굴) : 허가나 승낙을 받지 않고 무덤을 파거나 광물을 몰래 캐냄.

盜癖(도벽) : 훔치는 버릇.

捕盜廳(포도청) : 조선 중엽부터 도둑이나 범죄자를 잡고 다스리던 관아.

文筆盜賊(문필도적) : 남의 글이나 책을 베껴서 자기가 지은 것처럼 써먹는 사람.

 # 식자우환(識字憂患)

識 : 알 식
字 : 글자 자
憂 : 근심 우
患 : 근심 환

풀이
글자를 아는 것이 오히려 근심이 된다는 뜻으로, 똑바로 잘 알지 못한 지식 때문에 도리어 일을 망친다는 말. 또한 차라리 모르는 편이 나음을 이르는 말.

원말
여자식자우환(女子識字憂患)

식자우환(識字憂患)

아는 것이 병이다

유비가 제갈량(諸葛亮)을 얻기 전에 서서가 군사(軍師)로 있으면서 조조를 많이 괴롭혔다.

그러던 어느 날이었다.

책사 정욱이 조조에게 말했다.

"서서는 효성이 지극한 사람입니다. 그러니 그의 어머니 손을 빌리는 게 어떻겠습니까?"

"그렇다면 서서의 어머니를 이용해서 그를 우리 편으로 만들자는 게요?"

"그렇습니다. 바로 그것입니다."

"그거 참 좋은 책략이오. 어서 계획한 대로 행하시오, 책사!"

"존명!"

그러나 서서의 어머니 위 부인은 학식이 높고 명필인 데다가 의리가 투철한 여장부였다. 그래서 아들에게 자기 걱정은 말고 현명하고 어진 군주를 잘 섬기라고 격려하고 있었기 때문에 정욱의 책략은 먹히지 않았다.

"그 어머니에 그 아들이야. 서서와 위 부인은 비록 적국의 모자이지만, 과연 본받을 만하다."

"그러하옵니다."

조조의 말에 정욱이 고개를 끄덕였다.

"책사, 다른 책략은 없소?"

"있습니다. 만일을 대비해서 예비로 마련해 둔 게 있습지요."

"그게 무엇이오?"

"먼저 중간에 사람을 넣어 위 부인에게 편지를 해서 그 답장을 받는 겁니다. 그러고는 위 부인의 글씨를 모방해서 거짓 편지를 쓰는 겁니다."

"그래서 그 편지를 서서에게 보낸다 이 말이오?"

"네, 그렇습니다. 서서에게 어서 집으로 돌아오라는 내용으로 편지를 써서 보내는 겁니다.. 만일 서서를 우리 편으로 끌어들이지 못한다고 해도 우리는 그만큼의 시간을 벌 수가 있는 겁니다."

"그거 참 좋은 책략이오. 어서 계획한 대로 행하시오, 책사!"

이번에는 정욱의 책략이 딱 맞아떨어졌다.

정욱이 위 부인의 글씨를 모방해서 쓴 거짓 편지를 받고 서서가 돌아온 것이다.

"아 아니, 네가 어쩐 일로 집엘 다 왔느냐?"

"어머니께서 어서 오라고 편지를 보내지 않으셨습니까?"

"나는 편지를 보낸 일이 없다. 설사 보낼 일이 있어도 네가 나라 일에 바

뻔데, 내가 사사로운 일로 너를 왜 오라고 하겠느냐? 음, 이건 틀림없다. 이건 조조와 정욱의 책략이다. 여자가 글씨를 안다는 것부터가 걱정을 낳게 한 원인인 것이야[여자식자우환(女子識字憂患)]. 아, 이를 어찌한단 말인가? 애야, 너는 어서 빨리 돌아가거라."

위 부인은 자기 때문에 아들이 앞길을 망치게 된 것을 한탄했다.

남자를 존중하고 여자를 비천하게 여기던 시대에는 '여자식자우환'이라고 해서, 여자에게는 글을 안 가르치기도 했다. 그리고 여자가 똑똑하거나 나서서 활동을 하려고 하면 '식자우환'이라고 하면서 비웃기도 했다.

  소동파는 이런 글을 남겼다.

석창서취묵당시(石蒼舒醉墨堂詩).

이 글의 뜻을 풀면 '인생은 글자를 알 때부터 우환이 시작된다'는 말이다.

  '식자우환'은 '아는 것이 병이다'라고 하는 우리 나라 속담과 같은 뜻이다.

읽으면서 바로 배우는 한자

識 알 식

沒常識(몰상식) : 상식이 아주 없음.

博學多識(박학다식) : 학식이 넓고 많음.

潛在意識(잠재의식) : 1. 참의식의 밑바닥에 있으면서 일시적으로 망각되어 있는 의식.
2. 정신 분석학에서 참의식의 밑에 억압되어 있으면서 항상 의식화하려는 무의식의 하나.

字 글자 자

甲骨文字(갑골문자) : 거북의 딱지나 짐승의 뼈에 새긴 중국 은나라 때의 글자. 은허에서 출토되었고, 한자의 가장 오래 전의 형태로 보고 있음.

金字塔(금자탑) : '역사에 빛날 위대한 업적'의 비유.

大字報(대자보) : 중국 인민이 자기 견해를 주장하기 위해 붙이는 대형 벽보. 우리 나라의 대학가에 나붙는 벽보를 가리키기도 함.

象形文字(상형문자) : 물건의 형상을 본떠서 만든 글자. 한자의 일부와 고대 이집트 문자 같은 것을 이르는 말.

憂 근심 우

杞憂(기우) : 쓸데없는 걱정. 옛 중국 기나라 사람이 '하늘이 무너지면 어디로 피하면 좋을까' 하면서 침식을 잊고 걱정했다는 데서 온 말.

內憂外患(내우외환) : 나라 안팎의 여러 가지 어려운 일들.

憂國忠情(우국충정) : 나라를 근심하는 충성스럽고 참된 심정.

憂鬱(우울) : 1. (근심 걱정으로 마음이나 분위기 등이) 개운하지 않음.
　　　　　　 2. 걱정이나 가벼운 슬픔으로 반성 없이 공상함.

患 근심 환

有備無患(유비무환) : 미리 준비가 되어 있으면 우환을 당하지 않는다는 말, 또는 뒷걱정이 없다는 뜻.

後患(후환) : 어떤 일로 말미암아 뒷날에 생기는 걱정과 근심.

복룡봉추(伏龍鳳雛)

伏 : 엎드릴 복
龍 : 용 룡(용)
鳳 : 봉새 봉
雛 : 병아리 추

풀이
엎드려 있는 용과 봉황의 새끼라는 뜻으로,
엎드려 있는 용이란 제갈량을 가리키고,
봉황의 새끼란 방통(봉추)을 가리키는데,
아직 세상에 알려지지 않은 특출한 인물이나
장래가 촉망되는 젊은이를 이르는 말.

동의어
와룡봉추(臥龍鳳雛) : 누워 있는 용(제갈량)과 봉황의 새끼(방통)라는 뜻.

유사어
기린아(麒麟兒) : 재주와 슬기가 무척 뛰어난 젊은이라는 뜻.

복룡봉추(伏龍鳳雛)

그분이 누구십니까?

제갈량(諸葛亮)은 어릴 때 부모를 여의고, 숙부인 제갈현의 집에서 자랐다. 그러다가 전란이 일어나자 숙부를 따라 형주의 양양(襄陽)으로 피난해 왔다. 그 후, 숙부가 세상을 떠나자, 제갈량은 양양의 서쪽에 있는 융중(隆中)에 자리를 잡고 살았다. 그는 어지러운 세상을 피해 이곳에서 은거하고 책을 읽으면서 세월을 보냈다.

제갈량은 벼슬을 하지 않았지만, 사람들은 그의 학문과 인격을 존경해서, 그를 '와룡 선생(臥龍先生)'이라고 불렀다.

양양이 고향인 방통(龐統)은 서서와 함께 제갈량과 학문을 논하면서 지혜를 닦았다. 또한 방통은 제갈량의 사촌 자형인 방산민(龐山民)의 사촌이다. 사람들은 학식이 높은 그를 '봉황의 새끼'라는 뜻으로 '봉추(鳳雛)'라고 불렀지만, 그는 들창코에다 얼굴이 까맸다. 외모는 정말 볼품이 없었다.

이럴 때, '황건적의 난'을 평정하고, 무너져 가는 한나라를 부흥시키겠다고 관우와 장비와 함께 군대를 일으킨 유비는 큰 전공을 세우지 못해 가슴을 팍팍 치면서 실의에 빠져 있었다.

'힘센 장군? 힘센 장군이라면 천하에 우리 관우와 장비를 따를 장군이 어디 있겠는가! 병사? 병사는 때가 되어 우리가 다시 나서면 얼마든지 모을 수 있지. 우리가 하는 일이 나라와 정의를 위해 하는 일이니까. 하지만, 군사(軍師)! 그래. 필요한 건, 장군들과 병사들을 훈련시켜서 전투에서 승리할 수 있게 이끄는 군사야! 뛰어난 군사를 써서 조조를 박살내야 해. 내가 공을 세우지 못하고 이러고 있는 게 다 조조 탓이니까!'

유비는 비로소 인재를 찾아 나섰다.

그러던 어느 날, 유비 현덕은 양양에 사는 사마휘(司馬徽)를 만났다. 유비는 전해 들었다. 형주 양양에 정치와 천문, 지리와 시, 그리고 모든 학문에 훤한 '수경 선생'이라는 사람이 살고 있다고.

"반갑습니다. 선생님에 대해서는 진작에 들어 알고 있습니다."

유비는 두 손을 공손히 잡고 사마휘에게 인사했다.

사마휘도 유비에게 두 손을 공손히 잡고 인사를 한 뒤에 말했다.

"반갑습니다. 저도 현덕 공에 대해서는 잘 알고 있지요."

"부끄럽습니다, 선생님. 저와 제 두 아우는 뜻을 두고 군대를 일으켰으나, 아직 나라를 위해 이렇다 할 공도 못 세웠으니 말입니다."

고개를 가로저은 사마휘가 말했다.

"그런 말은 하지 마세요. 현덕 공, 공은 언젠가는 황제의 자리에 오를 귀

한 분이니 말입니다."

사마휘의 말에 유비 현덕이 얼굴을 붉혔다.

"선생님, 저에게는 지금 아우인 관우와 장비가 있어 든든합니다만, 군사가 없이 걱정입니다."

"찾으세요, 그러면 꼭 나타날 것입니다."

한숨을 길게 내쉰 유비가 고개를 기로저으면서 말했다.

"지금 저를 위해 목숨을 바칠 그런 훌륭한 군사가 어디에 남아 있겠습니까?"

"있지요. 있다 마다요!"

"네에, 그분이 누구십니까?"

"복룡과 봉추입니다. 이 두 사람 중에 한 사람만 얻어도 현덕 공은 천하를 손에 넣으실 겁니다."

"복룡과 봉추? 한 사람만 얻어도 천하를 얻는다?"

"네, 그렇습니다, 현덕 공!"

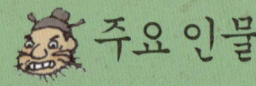 주요 인물

방통(龐統)

자는 사원(士元)인데, 별명인 봉추(鳳雛)로 더 유명하다. 그가 강동에 있을 때, 오나라의 주유와 노숙을 도와 적벽 대전을 앞두고 '연환계'로 조조의 선단을 쇠사슬로 엮어서 불태우는 큰 공을 세웠다. 연환계란, 적끼리 서로 묶이도록 해서 행동을 둔화시킨 뒤에 공격하는 계략이다. 그는 들창코에다 얼굴이 까맣고 외모가 볼품이 없어서 오나라 손권은 거들떠보지도 않았지만, 제갈량과 노숙의 소개로 유비를 돕게 되었다. 익주 토벌 때는 군사(軍師)로 참여했다. 뛰어난 학문과 책략을 드높이던 그는 유비의 백마를 타고 가다가 장임 등이 쏜 화살에 맞아 세상을 떠나고 말았다. 그가 죽은 곳은 바로 낙봉파(落鳳坡 : 봉황이 떨어진 곳)였다. 그때, 그의 나이가 서른여섯 살이었다.

 읽으면서 바로 배우는 한자

伏 엎드릴 복

伏兵(복병) : 기습을 하려고 요긴한 목에 병사가 숨음. 또는 그 병사.

伏線(복선) : 1. 만일의 경우 뒷일에 대처하려고 남 몰래 미리 베푸는 준비.
2. 소설이나 희곡에서 뒤에 나올 사건에 대하여 넌지시 비쳐 두는 서술.

潛伏(잠복) : 1. 겉으로 드러나지 않고 숨어 엎드림.
2. 병원체나 병독이 몸 안에 들어 있으면서 아직 병의 증세가 겉으로 드러나지 않음.

三伏蒸炎(삼복증염) : 초복(初伏), 중복(中伏), 말복(末伏)의 더위.

龍 용 용

登龍門(등용문) : 사람이 출세나 영화를 얻기 위한 관문을 비유하는 말.

龍頭蛇尾(용두사미) : 처음은 성하고 나중은 쇠해서, 끝으로 갈수록 점점 나빠지는 현상을 비유하는 말.

龍虎相搏(용호상박) : 강자끼리 승부를 다툼의 비유.

畵龍點睛(화룡점정) : 무슨 일을 하는데 가장 중요한 부분을 마쳐서 완성시킴을 이르는 말.

鳳 봉새 봉

鳳枕(봉침) : 봉황의 모습을 수놓은 베개.

鳳鳥不至(봉조부지) : 봉황이 아직 이르지 않았다는 뜻으로, 세상에 어진 임금이 나타나지 않음을 슬퍼하는 말.

鳳凰(봉황) : 중국 전설에 나오는 상상의 새로, 몸은 앞의 반이 기린, 뒤의 반이 사슴, 턱은 제비, 부리는 닭, 목은 뱀, 꼬리는 물고기, 등은 거북을 닮고, 깃에는 오색 무늬가 있음. 봉황이 나타나면 어진 황제가 나타나서 나라를 잘 다스린다고 함. 수컷은 봉(鳳), 암컷은 황(凰)이라고 하고, 봉조(鳳鳥), 봉황새라고도 함.

雛 병아리 추

孤雛腐鼠(고추부서) : 외로운 병아리와 썩은 쥐라는 뜻으로, 남을 업신여길 때 쓰는 말.

 # 삼고초려(三顧草廬)

三 : 석 삼
顧 : 돌아볼 고
草 : 풀 초
廬 : 오두막집 려(여)

풀이
초가집을 세 번 찾아간다는 뜻으로, 어떤 사람을 진심으로 예를 갖추어 맞이한다는 말. 유비가 제갈량의 초려(초가집)를 세 번이나 찾아서 마침내 그를 군사로 삼은 것을 이르는 말.

동의어
초려삼고(草廬三顧). 삼고지례(三顧之禮)

유사어
삼고지우(三顧知遇)

삼고초려(三顧草廬)

큰형님은 자존심도 없수?

'황건적의 난'을 평정하고, 무너져 가는 한나라를 부흥시키겠다고, 유비는 관우와 장비와 함께 군대를 일으켰다. 그러나 유비는 큰 전공을 세우지 못해 가슴을 팍팍 치면서 실의에 빠져 있었다. 번번이 조조의 책략에 넘어가서 고전을 면치 못했기 때문이다. 곰곰이 생각하던 유비는 마침내 조조의 책략을 격파할 수 있는 훌륭한 군사(軍師)가 필요하다는 결론을 얻는다. 유효 적절한 전술을 세워 행하는 지혜로운 군사, 군기를 잡고 책략을 세워 전군(全軍)을 통솔할 군사가.

그러던 어느 날이었다.

유비는 양양에 사는 사마휘를 만났다.

그때, 사마휘가 유능한 군사를 찾는 유비 현덕에게 말했다.

"복룡과 봉추, 두 사람 중에 한 사람만 얻어도 현덕 공은 천하를 손에 넣으실 겁니다."

"복룡과 봉추? 한 사람만 얻어도 천하를 얻는다?"

"네, 그렇습니다, 현덕 공!"

"수경 선생님, 말씀해 주십시오. 선생님, 복룡은 누구이고, 또 봉추는 누구입니까?"

"으음, 그게……."

목청을 가다듬은 사마휘가 말을 이었다.

제갈량이 복룡인 것을 알게 된 유비는 즉시 수레에 예물을 싣고 그가 사는 초가집을 찾아갔다. 관우와 장비도 함께 갔다.

"계십니까?"

"누구십니까?"

집 안에서 나온 사람은 제갈량의 아우였다.

"저는 유비 현덕이라 하고, 여기는 제 아우 관우 운장과 장비 익덕입니다. 와룡 선생을 뵈러 왔지요."

"형님은 지금 집에 안 계십니다."

"아, 네. 아우 분이시구려."

"네, 그렇습니다."

"그럼, 오실 때까지 기다리지요."

유비가 말하자, 제갈량의 아우인 제갈균이 고개를 가로저었다.

"형님은 한번 나가면 언제 돌아올지 모릅니다. 그러니 다음에 오시는 게 좋을 듯합니다."

"그럼, 이 유비가 다녀갔다고 전해 주시오. 그리고 사흘 후에 다시 오겠다고."

"네, 그렇게 전해 드리겠습니다. 안녕히 가십시오."

"자, 그럼."

제갈량의 아우와 인사를 나눈 유비는 일행과 함께 돌아왔다.

사흘 후, 유비는 관우와 장비와 함께 제갈량이 사는 초가집을 다시 찾아갔다. 그러나 제갈량은 어딜 가고 또 집에 없었다.

"지난번에 왔을 때 없어서 오늘 다시 오겠다고 약속을 했는데……. 형님, 이거 너무 무례한 거 아닙니까? 듣자하니 그는 아직 나이도 젊다는데 말입니다."

관우가 투덜거렸다. 게다가 장비는 한술 더 떴다.

"제갈량? 제갈 공명? 와룡 선생? 흥, 지가 뭔데 큰형님과 우리를 바람맞히는 거야, 에이……. 큰형님, 이젠 다시 찾아오지 맙시다."

그러자 유비가 관우와 장비를 돌아보고 말했다.

"관우, 장비."

"네."

"네, 형님!"

"무례하구나. 공명 선생의 아우 분을 앞에 두고 그런 말을 하다니."

유비는 제갈량의 아우에게 사과의 인사를 했다.

"미안합니다. 제 아우들의 무례를 대신 사과하겠습니다."

"……."

제갈량의 아우는 아무 말도 못 하고, 고개를 푹 숙여 받은 인사에 답례했다.

"사흘 후에 다시 오겠소이다. 그날은 꼭 뵈었으면 한다고 전해 주시오."

"네, 그렇게 전해 드리겠습니다. 안녕히 가십시오."

"자, 그럼."

제갈량의 아우와 인사를 나눈 유비가 휙 돌아서서 말했다.

"다음에 너희는 따라오지 마라. 나 혼자 찾아올 테니!"

"네?"

"네에?"

"무얼 놀라느냐? 그만 돌아가자!"

유비의 말에 장비는 입을 삐쭉 내밀고 구시렁거렸다.

또다시 사흘이 지났다.

"형님, 이젠 하실 만큼 하셨습니다. 가지 마십시오."

"맞아요, 큰형님. 그래, 큰형님은 자존심도 없수?"

"……"

관우와 장비가 말렸지만, 유비는 아무 대답도 하지 않고 떠날 채비를 마쳤다. 그러고는 아무 말도 않고 집을 나섰다.

"에이……."

"장비야. 어찌하겠느냐, 형님 뜻이 저러시니. 어서 가자."

관우가 투덜거리는 장비를 달랬다.

유비 일행은 제갈량이 사는 초가집으로 갔다. 세 번째로.

"계십니까?"

"누구십니까?"

유비가 집 앞에서 부르자, 이번에도 제갈량의 아우가 나왔다.

"아, 유비 현덕 공이시군요. 잘 오셨습니다. 형님은 어제 돌아왔답니다. 하지만 어쩌죠? 좀 기다리셔야겠습니다. 형님이 아직 잠을 자고 있어서요……."

"좋소. 그렇게 하겠소."

"그럼, 서재로 가시지요."

유비는 제갈량의 아우인 제갈균이 가리키는 문 쪽으로 걸어갔다. 문을 들어서니, 방 안에 누워 있는 사람이 보였다.

'아, 저 사람이 공명 선생인가?'

유비는 곁에 서서 제갈량이 일어날 때까지 기다리기로 했다.

두 시간쯤 지났을 때, 벌떡 일어난 제갈량이 안방으로 들어가더니 다시 나타났다. 옷을 다 갖추어 입고.

유비 앞으로 온 제갈량이 미소를 띠고 말을 건넸다.

"현덕 공, 이리 들어오십시오."

유비는 자리에 앉아 제갈량을 바라보았다. 그리고 생각했다.

'분명 나를 시험한 게야. 그리고 저리 미소를 짓는 걸 보면 아, 과연 공명, 와룡 선생이다!'

제갈량 또한 생각했다.

'과연, 소문대로 큰 인물이야, 빈틈은 있지만. 드디어 나를 필요로 하는 주군을 만난 게야. 내 한 목숨 다 바쳐서 모실 주군을!'

제갈량은 잠자는 척하고 유비의 사람 됨됨이를 시험해 본 것이다.

두 사람은 세상 돌아가는 이야기를 나누면서 서로의 뜻이 같고, 할 일도 같다는 것을 확인하고 또 확신했다. 그리고 두 사람은 두 손을 꼬옥 잡았다. 이때, 제갈량의 나이가 스물일곱 살이었고, 유비의 나이는 마흔일곱 살이었다.

유비의 정성에 감동한 제갈량은 마침내 유비의 군사가 되어 적벽 대전에서 조조의 80만 대군을 격파하는 등 많은 전공을 세웠다.

조조의 위나라와 손권의 오나라, 그리고 유비는 형주와 익주를 손에 넣고 촉나라를 세워, 한실(漢室)의 맥을 잇는다는 명목으로 황제[皇帝 : 소열제(昭烈帝), 재위 221-223]의 자리에 올랐다.

이로써 천하는 세 나라로 갈라져 서로의 힘을 겨루게 되었다. 제갈량은 이것을 미리 생각하고 있었던 것이다.

그 후, 유비는 책략과 식견이 뛰어나고 충의심이 강한 제갈량을 승상의 자리에 올렸다. 유비가 세상을 떠난 뒤에도 제갈량은 나이 어린 유선(劉禪)을 도와 나라를 잘 다스렸다.

이렇게 해서 제갈량의 이름과 행적들은 후세에 충신의 표상이 되어 길이길이 남게 되었다.

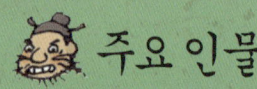 주요 인물

제갈량(諸葛亮, 181-234)

촉나라의 승상으로, 자인 공명(孔明)으로 더 유명하다. 207년 조조에게 쫓겨 형주에 와 있던 유비가 '삼고초려'하자, 감동해서 그를 돕기로 마음먹었다. 다음 해, 손권과 연합해서 남하하는 조조의 대군을 적벽 대전에서 대파하고, 형주와 익주를 차지했다. 그 뒤에도 수많은 전공을 세우고 승상이 되었다. 유비가 죽은 뒤에는 어린 유선(劉禪)을 도와 오나라와 연합해서 위나라에 대항했고, 나라의 경제 발전에도 힘을 썼다. 그러다가 위나라 장군 사마의와 오장원(五丈原)에서 전투를 벌이던 중에 세상을 떠나고 말았다. 그가 위나라와 싸우기 위해 나갈 때 올린 〈전출사표(前出師表)〉와 〈후출사표(後出師表)〉는 천하의 명문으로, 이것을 읽고 울지 않으면 사람이 아니라고까지 했다.

 읽으면서 바로 배우는 한자

三 석 삼

讀書三昧(독서삼매) : 잡념이 없이 오직 책을 읽는 데에만 골몰한 경지.

孟母三遷(맹모삼천) : 맹자의 어머니가 아들 맹자를 가르치기 위해서 세 번 집을 옮긴 일.

四書三經(사서삼경) : 칠서로서의 사서와 삼경. 곧 논어, 맹자, 중용, 대학, 시경, 서경, 주역.

朝三暮四(조삼모사) : 간사한 꾀로 사람을 속여 희롱함을 이르는 말.

顧 돌아볼 고

眷顧(권고) : 돌보아 줌, 또는 정을 두고 돌봄.

思顧(사고) : 돌이켜 생각한다는 말.

不顧前後(불고전후) : 일의 앞과 뒤를 돌아보지 않는다는 말.

不顧而去(불고이거) : 뒤도 돌아보지 않고 간다는 말.

顧慮(고려) : 1. 돌이켜 생각함.
        2. 앞일을 헤아려 걱정함.

草 풀 초

甘草(감초) : 콩과의 여러해살이 풀. 비위를 돕고 다른 약의 작용을 부드럽게 하므로 모든 처방에 널리 쓰인다.

結草報恩(결초보은) : 남의 은혜에 매우 깊이 감사할 때 이르는 말.

山川草木(산천초목) : '자연'을 일컫는 말.

草根木皮(초근목피) : 1. 풀뿌리와 나무껍질.
　　　　　　　　　2. 한약의 재료가 되는 물건.

花草欌(화초장) : 화초 무늬를 넣은 옷장이나 옷걸이.

青草節(청초절) : 목장에서 푸른 풀이 있는 음력 5월부터 9월까지의 시기를 이르는 말.

盧 오두막집 려

千盧一得(천려일득) : 천 번의 생각에 한 번의 실수라는 뜻으로, 아무리 지혜로운 사람도 실수를 할 수 있다는 말.

수어지교(水魚之交)

水 : 물 수
魚 : 고기 어
之 : 갈 지, 어조사 지
交 : 사귈 교

풀이
물과 물고기의 사귐이라는 뜻으로, 임금과 신하, 또는 부부 사이처럼 서로 떨어질 수 없는 친한 사이를 이르는 말.

동의어
어수지친(魚水之親). 유어유수(猶魚有水)

유사어
관포지교(管鮑之交) : 관중(管仲)과 포숙아(鮑淑牙)처럼 사귄다는 뜻으로, 서로 친구를 위하는 두터운 우정을 이르는 말.
금란지교(金蘭之交) : 다정한 친구 사이의 사귐을 이르는 말.
풍운지회(風雲之會) : 구름이 용을 만나고 바람이 호랑이를 만났다는 뜻으로, 위대한 군주와 지혜롭고 신하가 서로 만났다는 말.

수어지교 (水魚之交)

유비와 제갈량의 사이

유비는 삼고초려로 제갈량을 맞아들였다. 그런 후, 유비는 자신과 제갈량의 사이를 수어지교라고 했다.

제갈량은 원래 벼슬도 없이 남양 땅에 묻혀서 농사를 지으면서 살았다. 어지러운 세상에서 목숨을 잘 보전하고, 어느 군주에게도 벼슬을 구하지 않고, 뜻을 펼칠 때를 기다린 것이다. 그러나 최주평(崔州平)과 서서 외에는 아무도 제갈량을 알아주지 않았다.

그때, 조조는 강북 땅을 평정하고, 손권은 강동 땅에서 세력을 얻어 나라의 기틀을 잡아 가고 있었다.

그러나 유비에게는 아직 나라의 기틀을 잡을 땅도 없었다. 또한 관우와 장비와 같이 용맹한 장군은 있었지만, 천하의 책략을 세워 군대를 이끌고 나라의 일을 보좌해 줄 지략이 뛰어난 선비, 즉 군사(軍師)가 없었다. 이런 때, 제갈량을 얻었으니 유비는 무척 기뻤다.

어느 날, 유비가 제갈량에게 물었다.

"조조의 위나라와 손권의 오나라는 날로 세력이 커지는데, 우린 어쩌면 좋겠소?"

그러자 제갈량이 유비에게 지체없이 대답했다.

"주군, 우리는 재빨리 군대를 정비해서 전략적으로 중요한 형주와 자원이 풍부한 익주를 차지해야 합니다. 그래서 그곳을 근거지로 삼아 나라의 기틀을 잡아야 할 것입니다. 그리고 서쪽과 남쪽의 이민족을 달래서, 뒤의 근심을 끊어야 합니다. 또한 신하와 백성을 잘 다스려서 하루빨리 부국강병의 실리를 취하셔야 합니다. 그런 후에 손권과 손을 잡아야 합니다."

"아니, 공명, 손권과는 왜 손을 잡아야 한다는 게요?"

"주군, 그것은 조조를 고립시켜야 하기 때문입니다. 그런 후에 합당한 시기가 오면 조조를 토벌하기 위해서지요."

"오, 참으로 훌륭한 천하 평정의 책략이오. 내 전적으로 찬성하오. 그리고 내 모든 것을 다 동원해서 공명을 도울 것이오!"

"주군, 신 또한 그럴 것이옵니다!"

유비와 제갈량의 신뢰와 친분은 나날이 두터워졌다.

그러던 어느 날이었다.

장비가 투덜거렸다.

"관우 형님, 큰형님은 공명만 감싸고돕니다. 이거 우린 뭐 개밥에 도토리랍니까?"

"그러게나 말이다. 새로 들어온 공명은 이제 겨우 스물일곱 살인데, 마

흔일곱 살인 현덕 형님이 공명을 왜 저렇게 떠받드는지 정말 모르겠구나……."

일이 이쯤 되자, 유비는 관우와 장비를 불러 위로하며 말했다.

"관우와 장비, 둘과는 도원결의로 의형제가 되지 않았느냐?"

"네, 형님."

"그렇습니다, 큰형님."

"나는 아우인 너희와 도원에서 맺은 결의를 죽어서까지도 잊지 않을 것이니, 아무 걱정 마라. 나는 내 아우들을 이렇게 생각하고 있다. 그런데 내 아우들은 다른 생각으로 공명과 나를 보고 있어. 그러니 내가 공명만 감싸고돈다, 내가 너희를 개밥의 도토리 취급한다고 생각하게 되는 것이다. 아니 그러냐?"

"으음, 저……."

"저 그게……."

유비가 묻자, 관우와 장비는 대답할 말이 없어 얼버무리고 말았다.

"잘 들어라. 내가 공명을 얻은 것은 마치 물고기가 물을 얻은 것과 같다[수어지교(水魚之交)]. 다시 말해서 나와 공명은 물고기와 물과 같은 사이다. 너희가 내 아우인 것처럼, 공명 또한 내 사람이니, 앞으로 불만과 의심을 품거나 헐뜯는 말은 절대로 하지 말기를 바란다, 알겠느냐?"

"네, 형님……."

"네, 큰형님……."

그 후, 관우와 장비는 물론이고 다른 장군들도 더 이상 제갈량에 대해서 불만과 의심을 품거나 헐뜯는 말은 절대로 하지 않게 되었다.

 읽으면서 바로 배우는 한자

水 물 수

甘露水(감로수) : 깨끗하고 시원한 물을 이르는 말.

輕水爐(경수로) : 원자로 내에서 핵분열이 발생하는 중성자의 속도를 감속하기 위해 천연수(天然水)를 사용한 원자로.

落花流水(낙화유수) : 1. 쇠하여 몰락함을 비유하는 말.
2. 남녀 사이에 사모하는 마음이 있음을 비유하는 말.

潭水(담수) : 깊은 못이나 늪의 물.

明鏡止水(명경지수) : 1. 맑은 거울과 움직이지 않는 물.
2. 잡념과 가식과 허욕이 없이 아주 맑고 깨끗한 마음.

背水陣(배수진) : 강, 호수, 바다와 같은 큰물을 등지고 치는 진. 뒤로 물러설 수 없으므로 공격해 오는 적과 결전을 하게 됨.

山戰水戰(산전수전) : 산에서의 싸움과 물에서의 싸움이란 뜻으로, '세상일의 온갖 어려운 고비를 다 겪은 경험'을 비유하는 말.

水力發電(수력발전) : 물의 힘을 이용하여 발전기를 돌려서 전기를 일으키는 발전 형식의 하나.

魚 고기 어

魚頭肉尾(어두육미) : 생선은 머리가 맛있고, 짐승은 꼬리가 맛있다는 말.

魚貝類(어패류) : 생선과 조개 종류를 모두 이르는 말.

魚東肉西(어동육서) : 제사상을 차릴 때에 생선은 동쪽에, 육류는 서쪽에 놓음.

交 사귈 교

交叉(교차) : 서로 엇걸림.

交通(교통) : 사람이나 짐이 한 지역에서 다른 지역으로 이동하는 일. 그 수단으로는 자동차, 기차, 배, 비행기 등 여러 가지가 있음.

交響曲(교향곡) : 관현악으로 연주하는, 여러 악장으로 된 소나타 형식의 악곡. 가장 큰 규모의 악곡이고, 보통 4악장으로 되어 있다.

修交(수교) : 나라와 나라 사이에 교제를 맺는 것.

당랑포선(螳螂捕蟬)

螳 : 사마귀 당
螂 : 사마귀 랑
捕 : 잡을 포
蟬 : 매미 선

풀이
사마귀가 매미를 잡으려는데 꾀꼬리가 뒤에 있다는 뜻으로, 눈앞의 욕심에만 눈이 어두워 덤비면 결국 큰 해를 입게 된다는 말.

원말
당랑포선 황작재후(螳螂捕蟬 黃雀在後)

동의어
당랑재후(螳螂在後) 당랑규선(螳螂窺蟬)
당랑박선(螳螂搏蟬)

출전 : 《설원(說苑)》《한시외전(韓詩外傳)》

당랑포선(螳螂捕蟬)

귀중한 교훈

조조가 적벽에서 유비와 손권의 연합군과 결전을 벌이기 바로 전날 밤이었다.

"이럴 때 서량의 마등과 수가 중원을 공격하면 큰일인데……."

깊은 생각에 잠겼던 조조가 서서(徐庶)를 불렀다.

"그대는 날랜 병사들을 이끌고 산관으로 가서 마등과 수의 침입에 대비하라!"

"존명!"

조조는 가장 결정적인 순간에 서서를 산관으로 보냈다.

또 유비가 병마를 거느리고 서천을 치려고 할 때였다.

위나라의 조조가 군대를 보내 갑자기 오나라에 대규모의 공격을 했다. 그러자 손권은 급히 편지를 써서 유비에게 도움을 청했다.

손권의 편지를 받아 읽은 유비는 깊은 생각에 잠겼다.

'으음, 이런 상황에서 만약 내가 손권을 구해 주지 않는다면 어떻게 될

까? 입술이 없으면 이빨이 시린 경우를 당하겠지. 그렇다면 후에 우리 촉나라나 손권은 조조에게 쉽게 당할 게 뻔한 이치일 테고……. 그렇다고 오나라를 구원하려고 촉나라 군대를 돌린다면 서천을 얻을 수 있는 이 좋은 기회를 놓치게 되는 것인데…….'

이럴 때, 제갈량이 기가 막힌 책략을 내놓았다.

"주군, 소신이 즉시 마초에게 글을 띄우겠사옵니다."

"뭐라, 마초에게 글을 띄운다?"

"네, 주군. 마초에게 조조의 후미를 공격하라 이를 것이옵니다. 그렇게 되면 오나라는 화급한 위험에서 벗어날 것이옵니다."

"아, 그렇지. 그거 참 좋은 책략이오. 군사, 어서 행하시오!"

이렇게 해서 유비는 손권의 오나라를 위급한 상황에서 구해 주었고, 유비는 서천으로 계속 쳐들어갈 수 있었다.

그 후, 이번에는 조조가 직접 대군을 이끌고 서천을 치러 왔다.

그때, 제갈량이 유비에게 말했다.

"주군, 강하와 장사, 그리고 계양, 이 세 고을을 오나라에 되돌려 주시옵소오. 그 대신에 오나라에 조조의 후미를 치라 하십시오."

"그렇게 하겠소, 군사!"

유비는 제갈량의 책략에 따랐다.

이렇게 해서 서천을 위기에서 구했다.

위와 같은 경우들을 보면, 모두가 눈앞의 이익만을 생각하지 말고, 앞으로 일어날 일을 생각하면서 적에게 이길 책략을 세워야 한다는 것을 강조

하고 있다.

'당랑포선 황작재후(螳螂捕蟬 黃雀在後)'라는 구절이 있다. 이것은 한나라 유향의 《설원》〈정간편〉에 나오는 구절이다. 그 뜻을 풀면,

"동산에 서 있는 나무 줄기에 매미가 앉아 이슬을 먹고 있는데, 그 뒤에는 사마귀가 있는 줄 모르고 있었다. 사마귀가 몸을 움츠리고 매미를 잡으려 하는데, 그 뒤에 꾀꼬리가 있는 줄 모르고 있었다. 꾀꼬리가 목을 늘여서 사마귀를 잡으려 하는데, 그 뒤에 환난이 있는 줄 모르고 있었다. 매미와 사마귀와 꾀꼬리는 서로 눈앞에 있는 이익만을 얻으려고 하다가 그 뒤에 있는 재앙과 환난은 보지 못한다."

라는 뜻이다.

이 이야기는 정치와 군사, 외교 등에서 널리 인용되거나 응용되고 있다. 옛날이나 지금이나 통치자들이 전략을 세울 때는 여러 가지 요소들을 골고루 돌아보고, 이해를 잘 따져야 한다는 교훈이 되고 있다.

'당랑포선'에 대한 이야기의 근원은 전국 시대(戰國時代)로 거슬러 올라간다.

그때, 오(吳)나라의 군주는 싸움을 무척 좋아했다. 그는 자신의 막강한 군사력을 믿고 이웃 나라를 자주 침략했다. 그래서 오나라는 끊이지 않는 전쟁을 치러야 했기 때문에 그로 인해 백성들은 심한 고통을 겪어야 했다. 그러나 오나라 군주는 또 전쟁을 벌일 계획을 짜고 있었다. 이번에는 초(楚)나라를 침공할 계획을 세우고 있었던 것이다.

이 소식을 듣고 모인 오나라의 문무 대신들은 걱정이 태산이었다.

"지금 정세에 또 전쟁을 한다면 우리 오나라에 불리합니다."

"그렇습니다. 지금은 전쟁을 할 때가 아닙니다. 고통을 받고 있는 백성들을 돌봐야 할 때라고요."

"어떻게 하든, 우리가 주군의 마음을 바꿔 놓아야 합니다."

"옳습니다. 그렇게 해야 합니다."

문무 대신들은 오나라 군주에게 몰려가서 전쟁 계획을 거두라고 입을 모아 말했다.

그러나 오나라의 군주는 성격이 강직한 데다가 자기가 하려고 하는 일은 꼭 하고 마는 고집불통이었다. 문무 대신들의 건의를 듣고 전쟁 계획을 포기할 군주가 아니었다. 포기하기는커녕 오히려 청천벽력 같은 명령이 떨어졌다.

"대신들은 모두 잘 들으시오! 초나라를 침략하는 걸 막는다면 그 어느 누구라도 모두 처형할 것이오!"

문무 대신들은 군주의 전쟁 계획을 찬성하지는 않았지만, 모두 목숨을 잃을까 두려워서 감히 전쟁 계획을 거두라고 다시 말하지 못했다.

문무 대신들 중에 한 사람인 소유자가 곰곰이 생각했다.

'여기서 물러서면 아니 된다. 주군의 출병을 막아야 한다. 꼭! 그리해서 고통받고 있는 백성들을 돌봐야 한다!'

이렇게 다짐한 소유자는 다음날 아침 일찍 활과 화살을 들고 왕궁 뒤에 있는 정원으로 갔다. 그러고는 정원을 돌아다니면서 아침 이슬에 옷을 흠뻑 적셨다.

그렇게 하기를 하루가 지나고, 이틀이 지나고, 사흘째가 되는 날이었다.

그날도 소유자는 아침 일찍 활과 화살을 들고 왕궁 뒤에 있는 정원으로 가서, 정원을 돌아다니며 아침 이슬에 옷을 흠뻑 적셨다.

그곳을 지나던 군주가 그 모습을 보고 소유자를 불러 물었다.

"아침인데 그대의 옷이 왜 그렇게 젖었소?"

"신은 이 정원에 아침 일찍 왔사옵니다."

"무슨 볼일이라도 있는 게요?"

"이 활과 화살로 꾀꼬리를 잡았습지요. 그러고는 땅에 떨어진 꾀꼬리를 집으려다가 그만 발을 헛디뎌서 연못에 빠지고 말았사옵니다. 주군, 신은 비록 연못에 빠져서 이렇게 옷이 젖었지만, 오히려 귀한 교훈을 얻었사옵니다."

"뭐라, 교훈을 얻었다?"

"그렇사옵니다, 주군!"

오나라의 군주는 소유자의 말을 듣고, 놀람과 기쁨이 엇갈렸다. 군주가 놀란 것은 '꾀꼬리를 잡고 연못에 빠졌는데 무엇 때문에 귀중한 교훈을 얻었을까?' 하는 생각에서였다. 그리고 군주가 기쁜 것은 '소유자가 얻었다는 그 귀중한 교훈이 내게도 도움이 되겠지' 하는 생각에서였다.

그래서 군주가 소유자에게 다시 물었다.

"그대가 얻은 교훈이 무엇인지, 어디 자세하게 말해 보시오."

"네, 주군. 신은 아침 일찍 이 정원에 와서 꾀꼬리를 찾았습지요. 그러다가 마침내 꾀꼬리를 찾았사옵니다. 해서 화살을 꺼내 활에 먹이고 활시위를 당기려는데, 갑자기 나무 줄기에 앉아 있던 매미가 소리 높여 노래를 부르더군요. 그래서 신이 고개를 들고 쳐다보니까, 매미 바로 뒤에서 사마귀가 막 매미를 잡으려 하고 있었사옵니다. 하지만 매미는 이를 모르고 있으니, 사마귀는 틀림없이 좋은 아침 식사거리를 잡았다고 생각했겠지요?"

"그랬겠지."

소유자의 말에 군주가 고개를 끄덕였다.

"그런데 주군. 뜻밖에도 그 사마귀 뒤에는 꾀꼬리가 앉아 있었사옵니다. 꾀꼬리도 사마귀를 잡아먹으려고 온 정신을 기울여서 쏘아보고 있었지

요. 사마귀도 이를 모르고 있으니, 꾀꼬리도 틀림없이 좋은 아침 식사거리를 잡았다고 생각했겠지요? 그때, 신은 화살을 먹이고 활시위를 잡아당겼지만, 바로 쏘지는 않았사옵니다."

"왜 그렇게 했소?"

군주가 고개를 갸우뚱했다.

"사마귀가 매미를 잡고, 꾀꼬리가 부리로 사마귀를 잡아 막 삼키려는 순간을 기다린 것이옵니다. 바로 그 순간이 왔습지요. 해서 신이 꾀꼬리를 조준해서 활시위를 놓자, 화살을 맞은 꾀꼬리가 땅에 툭 떨어졌사옵니다. 사마귀도, 꾀꼬리도 눈앞에 있는 이익만을 얻으려고 했지, 그 뒤에 있는 재앙과 환난은 꿈에도 생각지 못한 게지요. 신도 마찬가지였사옵니다. 꾀꼬리를 잡았다는 기쁨에 들떠 달려가서 집으려고 했습지요. 그런데, 옆에 연못이 있다는 걸 깜박 잊고 발을 헛디뎌 물에 빠지는 바람에 이렇게 온통 물에 젖게 되었으니까요. 그때, 신도 사마귀나 꾀꼬리처럼 중대한 잘못을 저질렀음을 깨달았으니, 이 얼마나 귀중한 교훈이겠사옵니까?"

"아!"

소유자의 말을 다 듣고 난 오나라 군주의 입에서는 감탄사가 툭 튀어나왔다. 그러고는 소유자가 한 말의 뜻을 깨닫고 초나라를 침략할 전쟁 계획을 거두었다.

 읽으면서 바로 배우는 한자

螳 사마귀 당

螳螂拒轍(당랑거철) : 사마귀가 수레바퀴를 막는다는 뜻으로, 약한 자기의 힘은 헤아리지 않고 힘이 센 사람에게 함부로 덤빈다는 말.

螳臂當車(당비당거) : 사마귀의 팔뚝이 수레를 당한다는 뜻으로, 무척 용감하다는 말.

螂 사마귀 랑

螳螂之斧(당랑지부) : 힘이 약한 자기를 생각지 않고, 힘이 센 적 앞에서 날뛰는 것을 비유한 말.

捕 잡을 포

捕縛(포박) : 잡아서 묶는다는 말.

捕鯨船(포경선) : 고래를 잡기 위해 특별한 장치를 설비한 배.

逮捕(체포) : 죄인, 또는 그런 혐의가 있는 사람을 강제로 잡음.

捕虜(포로) : 전투를 벌이다가 사로잡은 적군.

捕食(포식) : 잡아서 먹는다는 말.

捕手(포수) : 야구에서 투수(投手)가 던지는 공을 받는 선수.

生捕(생포) : 사로잡음.

捕捉(포착) : 1. 꼭 붙잡음.

2. 어떤 기회나 정세를 알아차림.

捕獲(포획) : 1. 적병을 사로잡음.

2. 짐승이나 물고기를 잡음.

蟬 매미 선

春蛙秋蟬(춘와추선) : 봄에 개구리의 시끄러운 울음소리와 가을에 매미의 시끄러운 울음소리라는 뜻으로, 쓸모가 없는 말이나 글을 비유한 말.

翼蟬冠(익선관) : 임금이 평상복으로 나랏일을 볼 때 쓰던 관.

고육지계(苦肉之計)

苦 : 괴로을 고
肉 : 고기 육
之 : 갈 지, 어조사 지
計 : 꾀할 계

풀이
제 몸을 괴롭혀서 적을 속이고 어려운 상황에서 벗어나려는 책략.

준말
고육계(苦肉計)

동의어
고육지책(苦肉之策)
고육책(苦肉策)

고육지계(苦肉之計)

그 역할은 제가 맡겠습니다

조조는 오나라를 공격하려고 장강(長江, 양자강)에 80만 대군을 배치했다. 이것이 그 유명한 적벽 대전(赤壁大戰)의 시작이었다. 그러나 이에 맞서는 주유(周瑜)는 겨우 병사 5만뿐이었다.

그렇게 대치하던 어느 날이었다.

위나라의 수군 부장(水軍副將)인 채중(蔡中)과 채화(蔡和) 형제가 오나라에 투항했다.

"저희는 위나라 장군 채모의 사촌 동생입니다. 그런데 조조가 아무 죄도 없는 사촌 형님을 처형했습니다. 그래서 저희는 조조에게 형님의 복수를 하려고 도망쳐 왔습니다, 흐흐흑……"

채중이 울면서 말했다. 그러자 고개를 끄덕인 주유가 말했다.

"좋다. 받아들이겠다. 우리 오나라에 잘 왔다."

지모가 뛰어난 오나라의 대제독 주유는 이들을 기꺼이 맞아들였다. 그러나 그들이 조조가 보낸 첩자라는 것을 이미 눈치채고 있었다.

며칠 뒤였다.

"대제독, 왜 화공(火攻)을 쓰지 않으십니까?"

노장 황개(黃蓋)가 묻자, 주유가 심각하게 대답했다.

"화공을 쓰기에 앞서 거짓 정보를 조조에게 보내려 하기 때문이오. 그래서 조조 진영에서 거짓으로 투항해 온 채중과 채화를 받아들인 것이고……."

주유가 말꼬리를 흐렸다.

"그렇다면 고육지계를 쓸 생각이십니까?"

"그렇소. 하지만 그 거짓 정보를 첩자들이 믿게 할 합당한 사람이 없는 게 걱정이오."

그러자 무릎을 꿇고 절을 한 황개가 속삭이듯 말했다.

"대제독, 이건 우리 오나라를 위한 일입니다. 그 역할은 제가 맡겠습니다. 거짓으로 항복하는 책략인 사항계(詐降計)를 쓰신다면 소장이 고육지계를 기꺼이 감당해 내겠습니다."

"고맙소, 장군!"

주유가 황개의 손을 잡아일으켰다.

다음날, 작전 회의가 무르익을 때, 황개가 연극을 시작했다.

"저 많은 조조의 대군을 우리는 도저히 이길 수가 없소이다. 그러니 우리 항복하고 목숨을 건집시다."

"뭐라, 항복!"

황개의 말이 끝나자마자 주유가 버럭 소리쳤다.

회의장이 물을 끼얹은 듯 조용해졌다.

"내 사전에 항복이라는 단어는 없다. 당장 황개의 목을 베라. 그리고 그 누구든 앞으로 항복이라는 말을 내 앞에서 꺼낸다면 그 또한 가차없이 목을 벨 것이다!"

그 자리에 있던 장군들은 모두 깜짝 놀랐다.

그중에서 오랜 친구인 감택, 감녕 등이 나서서 목숨을 걸고 황개를 변호했다. 그 덕분에 황개는 사형을 면했고, 대신에 곤장 백 대를 맞았다. 황개는 살갗이 터지고 피범벅이 되었다.

이 소식을 전해 들은 촉나라의 제갈량이 노숙에게 말했다.

"자신의 몸에 고통을 가하는 고육의 책략을 쓰지 않고는 조조를 속일 수 없었겠지요."

며칠 후, 황개는 조조에게 보낼 거짓 항복 문서를 만들었다. 그리고 감택은 그 밀서를 가지고 조조에게 투항했다.

내가 이끄는 군대와 함께 투항하겠습니다.

"으음, 혼자 투항하기 힘들 텐데, 군대까지 이끌고 투항하겠다?"

물론 조조는 의심했다. 그러나 마침 그때, 조조가 오나라 진영에 보낸 첩자인 채중과 채화 형제의 보고서가 도착했다. 황개와 감택, 그리고 감녕 등이 오나라를 배반할 것이라는 내용이었다.

"그래, 됐다. 이제야 의심이 확 풀렸다!"

조조는 감택을 불러 투항 절차와 시기를 은밀하게 지시했다.

오나라 진지로 돌아온 감택은 황개와 진지하게 의논했고, 다시 밀서를 조조에게 보냈다.

나와 내가 이끄는 군대는 배를 타고 투항할 것입니다. 타고 가는 뱃머리에 파랑색 깃발을 달 것이니, 그리 아시고 맞이해 주십시오.

"드디어 때가 왔소. 그대는 그대의 일을 잘 준비하시오!"

주유가 황개에게 말했다.

"대제독, 명령 받들겠습니다!"

오나라 병사들은 강과 육지에서 한구(漢口) 근처까지 진출했다. 돌격할 기회를 엿보던 황개는 화선대(火船隊)를 지휘해서 오나라 군대의 선두에 섰다. 해가 지자, 황개는 조조에게 급히 밀서를 보냈다.

주유의 감시가 심해서 탈출하지 못했습니다. 그러나 잠시 후, 후방에서 식량을 실은 배들이 도착할 것입니다. 다행히도 주유가 나에게 그 식량 선단의 지휘를 맡겼습니다. 그때를 이용해서 탈출할 생각입니다. 오늘 밤에 청룡기를 뱃머리에 달고 그쪽으로 가겠습니다. 식량을 가득 실은 선단과 오나라의 유명한 장군들의 목을 선물로 가지고 가겠습니다. 그러니 기쁘게 받아 주십시오.

이와 때를 맞추어 진격 명령이 떨어졌다.

오나라의 대제독인 주유가 선발군을 이끌고 앞서 나갔고, 손권이 이끄는 본진은 그 뒤를 따랐다.

동남풍이 불지 않는 계절이라 조조는 연환계의 계략을 쓰기로 하고 함선들을 굵은 쇠사슬로 묶었다. 이로써 거대한 수상 요새가 만들어졌다. 그러나 제갈량은 무역풍이 있다는 것을 알고 동남풍이 불기를 기다리면서 화계의 계략을 쓰기로 했다.

하늘에 뜬 달은 휘영청 밝았다. 그러나 짙은 밤 안개가 강에 쫘악 깔려 있었다. 그런데 갑자기 동남풍이 불기 시작했다.

한편, 조조는 수군의 본진에서 달빛을 받으면서 출렁이는 강을 내려다 보고 있었다. 동남풍에 흔들리는 수상 요새를 보고 있는 조조는 점점 불안해졌다. 그러다가 황개가 부대를 이끌고 오는 것을 본 조조 얼굴에서 웃음꽃이 활짝 피어났다.

"뱃머리에 청룡기! 저건 황개가 탄 배다. 계획한 대로 착착 진행되는구나!"

그러나 곧 조조의 얼굴에서 웃음이 싹 가셨다.

'아무래도 수상하다. 황개가 타고 오는 저 배에 식량이 가득 실려 있다면 배가 물에 더 깊이 잠겨야 하는데……. 그리고 배의 속도도 너무 빨라…….'

조조가 이렇게 생각하고 있을 때였다. 동남풍이 강하게 불자, 다가오는 함선에서 반짝반짝 불씨가 보이더니, 그 배는 금방 불길에 휩싸였다.

"멈춰라, 멈춰!"

조조가 외쳤지만, 때는 이미 늦었다. 강한 동남풍을 타고 불을 뿜는 선단은 성난 파도처럼 조조의 수상 요새로 돌진해 왔다.

연환계를 써서 수상 요새를 이루고 있던 조조의 함선들은 모두 굵은 쇠사슬에 묶여 있었기 때문에 피할 수가 없었다. 불길은 금방 다른 함선으로 옮겨 붙었다. 도저히 막을 방법이 없었다.

"불이야, 불!"

'아 아니, 이럴 수가!'

조조는 기가 탁 막혔다.

강을 뒤덮은 조조의 수상 요새는 금방 불바다에 잠겼다. 엎친 데 덮친 격으로, 강을 따라 난 육로에서 오나라 병사들이 벌떼처럼 돌격해 왔다.

"후퇴, 후퇴하라!"

참패한 조조는 부하들의 도움으로 도망쳐서 겨우 목숨만 건졌다.

이렇게 해서 주유가 쓴 고육지계는 성공했고, 오나라는 위나라에 대승을 거두었다.

촉나라 군사인 제갈량과 오나라의 대제독인 주유가 거둔 적벽 대전의 승리는, 이러한 충신들과 뛰어난 책략들이 모아져서 거둔 큰 승리였던 것이다.

적벽 대전의 승리로 손권은 강남의 대부분을 차지했고, 유비는 파주(巴州)와 촉주(蜀州)를 얻어서 촉나라를 세우는 데 기초를 다졌다.

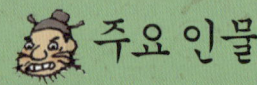 주요 인물

주유(周瑜, 175-210)

오나라의 유명한 신하로, 손견의 아들 손책과는 나이가 같아서 친하게 지냈다. 처음에는 손견을 섬기다가 손견이 세상을 떠난 뒤에는 손책을 섬기면서 양자강(揚子江) 하류 지방을 평정했다. 손책이 세상을 떠난 뒤에는 그의 동생 손권을 섬겼다. 위나라의 조조가 화북(華北)을 평정하고 강릉(江陵)으로 쳐들어오자, 위나라와 조약을 맺어 평화로운 상태로 되돌아가자는 신하들을 누르고, 촉나라의 제갈량과 함께 적벽 대전에서 위나라 군대를 대파했다. 그 뒤에 촉나라의 유비가 형주에서 세력을 확장할 것을 염려해서 사천(四川) 지방의 공략 계획을 세웠지만, 그 계획이 실행되기 전에 병이 들어 세상을 떠나고 말았다.

읽으면서 바로 배우는 한자

苦 괴로울 고

民生苦(민생고) : 백성이 살기가 힘들고 괴로움.

刻苦(각고) : 고생을 해 가며 무척 애를 씀.

苦盡甘來(고진감래) : 고생한 끝에 즐거움이 온다는 말.

同苦同樂(동고동락) : 괴로움도 즐거움도 함께 함.

惡戰苦鬪(악전고투) : 몹시 어려운 조건으로 고생스럽게 싸움.

千辛萬苦(천신만고) : 마음과 힘을 한없이 수고롭게 해서 애를 씀.

鶴首苦待(학수고대) : 몹시 기다림을 이르는 말.

肉 고기 육

弱肉强食(약육강식) : 약한 것이 강한 것에게 먹힘.

酒池肉林(주지육림) : 연못을 술로 채우고 나무에 고기를 걸어 술자리를 마련했다는 주왕(紂王)의 고사에서 나온 말로, 호화롭게 잘 차린 술잔치를 비유하는 말.

羊頭狗肉(양두구육) : 겉은 훌륭하게 보이지만, 속은 변변치 않은 것을 비유하는 말.

之 갈 지 어조사 지

百年之計(백년지계) : 먼 미래까지 내다보면서 세우는 계획, 백년지계로는 사람을 기르는 것이 가장 좋다는 말.

有終之美(유종지미) : 끝을 잘 맺는 아름다움이라는 뜻으로, 시작한 일을 끝까지 잘해서 결과가 좋음을 이르는 말.

遺珠之歎(유주지탄) : 마땅히 등용되어야 할 사람이 안 되어 한탄한다는 말.

計 꾀할 계

三十六計(삼십육계) : 1. 많은 꾀, 많은 모계(謀計).
2. 형편이 불리할 때는 달아나는 것을 이르는 말.

計策(계책) : 꾀나 방책을 생각해 내는 것을 이르는 말.

百年大計(백년대계) : 먼 앞날까지 내다보고 세우는 큰 계획.

凶計(흉계) : 흉악한 계획.

流速計(유속계) : 물 흐름의 속도를 재는 기계.

流量計(유량계) : 물의 양을 재는 기계.

 # 허허실실(虛虛實實)

虛 : 빌 허
虛 : 빌 허
實 : 열매 실
實 : 열매 실

풀이
허와 실이 일정하지 않다는 뜻으로, 허를 찌르고 실을 꾀하는 책략으로 싸우는 모양을 이르는 말.

허허실실(虛虛實實)

은혜를 갚는 게 사람의 도리

제갈량은 기다리던 동남풍이 불자, 유비에게 말했다.

"주군, 바람이 붑니다. 이제 적벽 대전의 서막이 올랐습니다."

"그렇군요, 군사(軍師). 이 바람은 군사가 일으킨 것 아닙니까? 과연 군사의 신통력은 대단하오."

"주군, 이 바람은 자연의 이치에 따라 부는 겁니다. 저는 다만, 그 이치를 읽었을 뿐입니다."

"어디 그 이치를 아무나 읽는단 말이오? 그러니 그게 신통력이지요. 흐음, 그건 그렇고. 군사, 이제 계획한 작전을 펼칠 때요. 그러니 어서 명령을 내리시오."

"네, 주군!"

제갈량은 각 장군들에게 차근차근 각자의 임무와 작전을 지시했다.

먼저 제갈량은 조운 자룡에게 명령을 내렸다.

"조자룡 장군은 병사 삼천을 데리고 강을 건너가 오림 오솔길에 숨어 있으시오. 오늘 자정이 지나면 조조가 패잔병을 이끌고 달아날 것이니, 그때 도망가는 조조의 병사 대열이 반쯤 지나가거든 숲에 불을 지르시오. 그러나 장군, 뒤를 쫓아선 절대로 안 되오."

"군사, 오림에는 두 갈래 길이 있습니다. 그런데 조조는 어느 길로 달아나겠습니까?"

"조조는 반드시 형주로 달아날 것이오. 일단 형주에 가서 군대를 다시 수습해서 허도로 갈 것이 분명하오."

제갈량은 조조의 마음을 꿰뚫어 보듯이 자신 있게 말했다. 명을 받은 조운이 물러가자, 다음은 장비 익덕에게 명령했다.

"조조는 북이릉으로 도망올 것이오. 그러니 장비 장군은 삼천 기를 데리고 강을 건너가는 길을 막으시오. 그런 다음에 호로곡 입구로 가서 기다리고 있으시오. 그러면 조조의 군대가 가까운 골짜기에서 밥을 지을 것이오. 그 연기를 보면 곧장 공격하시오. 만일 조조를 잡지 못한다고 해도 큰 것을 얻을 것이오."

"네, 군사. 잘 알았습니다!"

장비가 물러가자, 이번에는 미축과 미방 그리고 유방에게 명령했다.

"세 장군은 강변으로 가서 지키고 있다가 도망치는 조조의 병사를 발견하면, 그들의 군량과 무기를 모두 빼앗아 오시오."

"존명!"

다음에는 유기를 불러 명령했다.

"장군은 곧바로 강하로 돌아가시오. 가서 강가에 군대를 배치하고 기다렸다가 싸움에서 패한 조조의 병사들이 그리로 도망치면 사로잡으시오. 그리고 강하는 중요한 땅이니 굳게 잘 지켜야 합니다."

"알겠습니다, 군사!"

제갈량은 마지막으로 유비에게 말했다.

"주군께서는 저와 함께 번구 언덕에 올라 조조가 주유에게 대패하는 모습이나 구경하시지요."

그러나 제갈량은 관우에게만은 아무런 명령도 내리지 않았다.

잠자코 서 있던 관우가 제갈량에게 따지듯이 물었다.

"군사, 이 관우에게는 왜 명령을 내리지 않는 게요?"

"장군, 장군은 패해 달아나는 조조를 칠 자격이 없소."

"뭐라, 자격이 없다?"

그 말에 관우는 기가 탁 막혔다.

"장군의 충성을 내가 모르는 게 아니오. 하지만 장군은 허창을 떠날 때, 조조에게 언제든 꼭 은혜를 갚겠다고 약속한 적이 있잖소. 패해서 화용도로 달아나는 조조의 목을 베는 건 장군에게는 식은 죽 먹기지요. 그런데 장군이 정에 이끌려 일을 그르칠까 봐 두려운 것뿐이오. 장군은 옛 은혜를 생각해서 틀림없이 조조를 용서할 것이오."

"아니오, 하북의 대군이 쳐들어왔을 때 적의 장군 안량을 처치해 준 것으로 조조에게 입은 은혜는 이미 갚았소. 그러니 어서 나에게도 명령을 내려 주시오."

"관우 장군, 조조를 잡아 오지 않고 놓아 준다면 어찌 하겠소?"

"군사, 그런 일이 벌어진다면 군법에 따라 처벌을 받겠소이다."

관우는 말뿐 아니라 문서까지 써서 약속했다.

그제야 제갈량은 관우 운장에게 명령을 내렸다.

"장군은 화용도로 가시오. 가서 기다렸다가 조조군이 나타나면 연기를 피우시오."

"아니, 군사. 그 연기를 보면 조조의 병사들이 우리가 숨어 있는 것을 눈치채고 도망갈 게 아니오?"

"허허허. 장군, 우린 그걸 거꾸로 이용하자는 것이오. 병법에 이르기를 허와 실이 일정하지 않다[허허실실(虛虛實實)]고 했소. 용병에 능한 조조가 피어오르는 연기를 보면, 우리가 공연히 허세를 부린다고 생각할 것이오. 그리고는 틀림없이 그 길로 갈 겁니다. 그러니 관우 장군은 절대로 옛정에 얽매이지 마시오."

"명심하겠소이다, 군사!"

떠나는 관우의 뒷모습을 보며 유비가 걱정스런 표정으로 말했다.

"군사, 아시는 것처럼 운장은 정이 아주 많은 사람이오. 조조를 만나면 옛정을 생각해서 잡지 않을 게 분명해요."

"주군답습니다."

"왜요?"

"주군 또한 정이 깊으시니, 그런 사람이 또 가까이 있는 것입니다. 이 얼마나 인간적입니까?"

"운장이 인간적이라니. 군사, 그건 또 무슨 말이오?"

"은혜를 입었으면 은혜를 갚는 게 사람의 도리입니다."

"군사 말이 옳아요."

"주군, 그래서 제가 일부러 관우 장군을 보내 은혜를 갚을 기회를 준 겁니다."

"오, 군사!"

유비는 이런 제갈량의 깊은 생각과 예지에 감격했다.

상황은 급박하게 돌아갔다. 그러나 제갈량의 예측은 한 치의 오차도 없이 정확하게 들어맞았다. 적벽 대전에서 조조는 80만 대군 중에서 3분의 2를 잃고 참패를 당했던 것이다.

"아아, 이게 꿈이더냐, 생시더냐?"

조조는 활활 불타오르는 함선들을 보고 통곡했다.

"어서 말을 타시고 이쪽으로 오십시오!"

장료가 소리치자, 조조는 불길을 헤치며 따라오는 병사를 모으면서 형주로 달아났다.

"장료, 여기가 어디냐?"

"오림의 서쪽인 의도 북쪽입니다."

조조는 말에 앉아서 산과 땅의 모양을 살피다가 히죽 웃었다.

"공명은 육지의 싸움에는 서툴구나. 만일 내가 공명이라면 이쯤에 복병을 둘 텐데……."

조조의 말이 채 끝나기도 전에 숲속에서 병사들이 우르르 쏟아져 나왔다.

"아니, 저건!"

"나, 조운 자룡! 여태껏 조조, 너를 기다렸다!"

조조는 깜짝 놀라서 말에서 떨어질 뻔했다.

"조자룡은 소장이 맡겠나이다!"

장료가 조운의 공격을 막는 동안, 조조는 달아났다.

도망가던 조조는 호로구에서 또 제갈량을 비웃으며 히죽 웃었다. 그러다가 장비에게 또 한 번 혼쭐이 났다. 그리고 이번에는 화용도.

조조군이 나타나자, 상황을 살피던 관우가 부관에게 명령했다.

"작전대로 행하라!"

"존명!"

부관은 병사들과 미리 준비한 재료로 연기를 피웠다.

멀리서 피어오르는 연기를 본 조조가 명령했다.

"화용도로 진격!"

"혹시 적의 함정이면 어찌 하시렵니까?"

부관이 나서서 말렸다.

"병서에 이르기를 허한 곳은 실한 듯, 실한 곳은 허한 듯 꾸미라고 했다. 제갈 공명은 지혜가 뛰어나서 병사에게 연기를 피우게 한 게야. 그렇게 해서 우리를 그 길로 들어서지 못하게 하고, 지금 큰길에서 우리를 기다리고 있을 게야."

그러자 부관이 감탄해서 말했다.

"과연 이런 신묘한 책략은 아무도 따르지 못할 겁니다."

제갈량의 예측은 또다시 들어맞았다.

앞장서 가던 조조가 얼마쯤 가다가 큰 소리를 내며 웃었다.

"왜 웃으십니까?"

고개를 갸우뚱한 부관이 조조에게 물었다.

"사람들은 주유와 공명의 지혜가 뛰어나다고 한다. 하지만 내가 보기에는 무능한 인물들이야. 이런 곳에 복병을 두었더라면 힘 빠진 우리를 쉽게 잡을 게 아닌가? 연기나 피워서 유인하는 얕은 꾀밖에 모르다니, 쯧쯧쯧……."

바로 그때, 청룡도를 비껴 들고 적토마를 탄 관우가 모습을 드러내고 소리쳤다.

"어서 오시오. 내가 벌써부터 기다리고 있었소이다."

"아, 아니. 저 저건, 과 과 관 운장……."

조조는 너무 놀라 열린 입이 닫히지 않았다.

 읽으면서 바로 배우는 한자

虛 빌 허

謙虛(겸허) : 겸손해서 교만함이 없음.

虛構(허구) : 1. 사실이 없는 일을 사실처럼 얽어 만듦.
          2. 소설 등에서 실제로는 없는 사건을 작가의 상상력으로 창조해 내는 일. 또는 그 이야기. 픽션.

虛榮心(허영심) : 허영에 들뜬 마음.

虛無孟浪(허무맹랑) : 1. 터무니없이 허황되고 실상이 없음.
               2. 말하기 어려울 만큼 비고 거짓되어 실상이 없음.

虛禮虛飾(허례허식) : 예절, 법식 등을 겉으로만 꾸미는 일.

虛脫(허탈) : 몸이 허약하여 기운이 빠지고 정신이 멍함.

虛荒(허황) : 1. 사람됨이 들떠서 황당함.
          2. 헛되고 미덥지 못함.

虛風(허풍) : 너무 과장해서 실속이 없는 말이나 행동.

虛心坦懷(허심탄회) : 1. 마음을 비우고 생각을 터놓음.
                2. 명랑하고 거리낌이나 숨김이 없는 마음.

虛飢(허기) : 몹시 배고픈 느낌.

實 열매 실

實用品(실용품) : 실용적 가치가 있는 물품.

實彈(실탄) : 실제로 쏘아서 실효를 나타내는 탄알.

實踐力(실천력) : 실제로 이행할 수 있는 힘.

實感(실감) : 1. 실제로 대하고 있는 것처럼 느낌.
　　　　　　2. 실제로 대하거나 체험한 느낌. 또는 그 감정.

實事求是(실사구시) : 사실을 바탕으로 진리를 탐구하는 일. 공론만 일삼는 양명학(陽明學)에 대한 반대로 청나라의 고증학파가 내세운 표어. 과학적, 객관주의적 학문 태도를 말함.

事實無根(사실무근) : 사실이라는 근거가 없음. 전혀 사실과 다른 일.

結實(결실) : 1. 열매가 맺히거나 여묾.
　　　　　　2. 일을 보람 있게 잘 끝맺음. 또는 그 성과.

實效(실효) : 실제의 효과.

有名無實(유명무실) : 이름만 있고 실상은 없음.

백미(白眉)

白 : 흰 백
眉 : 눈썹 미

풀이
눈썹이 흰 사람이 가장 뛰어나다는 뜻. 촉나라에 '읍참마속(泣斬馬謖)'으로 유명한 마속을 포함한 비범한 오 형제가 있었는데, 그중에서도 흰 눈썹이 섞인 마량이 가장 어질고 지혜롭다는 데서 온 말로, 여럿 중에서 가장 뛰어난 사람이나 물건을 이르는 말.

유사어
군계일학(群鷄一鶴) : 닭 무리에 끼어 있는 한 마리의 학이란 뜻으로, 평범한 사람들 중에 뛰어난 한 사람이 섞여 있음을 이르는 말.
낭중지추(囊中之錐) : 능력과 재주가 뛰어난 사람은 스스로 두각을 나타낸다는 뜻.
출중(出衆) : 여럿 가운데에서 뛰어나고 빼어나다는 말.
발군(拔群) : 여럿 가운데에서 특별히 뛰어나다는 말.

백미(白眉)

저 혼자로 충분하옵니다

적벽 대전의 승리로 유비는 형주와 익주를 얻었다. 그리고 안으로는 힘을 키워 다지고 밖으로는 경계를 철저하게 해서 위나라도, 오나라도 촉나라를 만만하게 볼 수 없게 되었다.

그러던 어느 날, 모인 신하들에게 유비가 말했다.

"이제 우리는 부국강병에 더욱 힘을 쏟아야 하오. 어떻게 하면 좋을지 서슴지 말고 의견들을 말해 보시오."

신하들 중에서 한 사람이 말했다.

"주군, 우리가 새로 얻은 많은 땅을 오래 지키려면 새로운 인물로서, 어진 선비를 구해서 쓰셔야 할 것이옵니다."

이렇게 말한 신하는, 위험에 빠졌던 유비를 두 번이나 구해 준 이적(伊籍)이었다.

"새로운 인물로서, 어진 선비라……. 대체 그 선비가 어디 사는 누구란 말이오?"

유비가 이적에게 물었다.

"양양(襄陽)의 의성(宜城) 출신인 마량(馬良)의 다섯 형제가 모두 그런 선비이옵니다. 그중에서도 가장 어질고 지혜로운 선비는 맏이인 마량이옵지요. 마량은 태어날 때부터 눈썹에 흰 털이 섞여 있어서 별명이 '백미(흰 눈썹)'라 하옵는데, 그의 자(字)는 계상(季常)이라 하옵니다. 또한 그들이 사는 동네 사람들도 모두 마씨 집안의 다섯 형제가 모두 어질고 뛰어나지만, 그중에서도 백미 마량이 제일이라 하옵니다. 그러니 주군께서 찾아 쓰셔야 할 인물상과 딱 들어맞는다고 생각하옵니다."

"이적, 그대가 이렇게 자신 있게 추천을 하니, 내 그대의 말에 따르겠소.

어서 마량을 부르시오."

이렇게 해서 마량은 유비의 충실한 신하가 되었고, 소신 있게 맡은 일을 충실하게 해 나갔다.

문무(文武)를 겸비한 마량은 유비의 신임을 쌓으면서 참모의 자리에까지 올랐다. 이로써 마량은 후에 시중(侍中)의 자리에까지 오르는 발판을 마련한 셈이다.

마량은 당대의 명군사인 제갈량과도 친분을 두텁게 해서, 생사를 같이 할 수 있는 아주 가까운 사이가 되었다.

그런데 어느 날, 남쪽 변방에 흉포한 오랑캐 한 무리가 나타났다는 소식이 전해졌다.

"주군, 제가 나서서 처리하겠사옵니다."

마량이 자신 있게 말했다.

"좋소. 그런데 이번 출병에 얼마의 병사가 필요하오?"

유비가 마량에게 물었다.

"병사는 필요없사옵니다."

마량이 대답하자, 유비가 깜짝 놀랐다.

"뭐라?"

"이런 일에 병사를 동원하는 건 낭비일 뿐입니다. 저 혼자로 충분하옵니다, 주군!"

"혼자로 충분하다?"

"주군, 그러하옵니다."

"……."

마량이 대답하자, 유비의 딱 벌어진 입은 닫히지 않았다.

과연 그랬다.

마량은 곧바로 오랑캐 진지로 갔다. 그러고는 뛰어난 덕과 지혜로 남쪽 변방을 들쑤셔 놓은 흉악한 오랑캐 무리를 모두 부하로 삼았다. 피 한 방울 흘리지 않고.

읽으면서 바로 배우는 한자

白 흰 백

告白(고백) : 1. 숨김 없이 솔직하게 말함.
　　　　　　2. 참회자가 죄를 용서받으려고 고해 신부에게 지은 죄를 솔직
　　　　　　　히 말하는 일.

獨白(독백) : 1. 혼자서 중얼거림.
　　　　　　2. 연극에서 배우가 마음 속의 생각을 관객에게 알리기 위해 상
　　　　　　　대자 없이 혼자 말함, 또는 그 대사.

明明白白(명명백백) : 아주 명백하여 의심할 여지가 없음.

美白(미백) : 살갗을 아름답고 희게 함.

白書(백서) : 정부가 어떤 문제에 대해서 그 현상을 분석하고 장래를 전망하는 내용으로 꾸며서 발표하는 실정 보고서.

白衣從軍(백의종군) : 벼슬이 없는 사람으로 군대를 따라 전장으로 감.

白日場(백일장) : 각 시골에서 유생들의 학업을 장려하려고 그들을 모아서 글짓기를 시험하던 일. 요즘은 '글짓기 대회'로 널리 통함.

淸白吏(청백리) : 1. 청렴한 벼슬아치.
　　　　　　　2. 조선 때 2품 이상의 당상관과 사헌부 사간원의 수직들
　　　　　　　　이 추천하여 뽑은 청렴한 벼슬아치.

眉 눈썹 미

蛾眉(아미) : 아름다운 미인의 눈썹.

擧案齊眉(거안제미) : 남편을 깍듯이 공경함을 이르는 말.

眉目秀麗(미목수려) : 얼굴이 뛰어나게 아름다움.

兩眉間(양미간) : 눈썹과 눈썹의 사이.

仰首伸眉(앙수신미) : 머리를 들고 눈썹을 편다는 뜻으로, 고고해서 굽히지 않는 태도를 이르는 말.

秀眉(수미) : 아주 빼어나게 아름다운 눈썹.

愁眉(수미) : 근심에 잠긴 눈썹이라는 뜻으로, 근심스러운 기색을 이르는 말.

독서백편의자현(讀書百編義自見)

讀 : 읽을 독
書 : 글 서
百 : 일백 백
編 : 엮을 편
義 : 옳을 의
自 : 스스로 자
見 : 뵐 현 볼 견

풀이
글을 백 번 읽으면 그 뜻이 저절로 나타난다는 뜻으로, 아무리 뜻이 어려운 글도 되풀이해서 읽고 또 읽으면 그 뜻을 스스로 깨쳐 알게 된다는 말.

독서백편의자현(讀書百編義自見)

책을 읽을 때는

후한 말, 헌제 때 동우(董遇)라는 학자가 있었다. 그는 집안이 가난했지만, 공부하기를 무척 좋아했다. 그래서 그는 일을 하면서도 책에서 손을 떼지 않았고, 어느 곳을 가든지 항상 책을 가지고 다니면서[수불석권(手不釋卷)] 공부를 게을리하지 않았다.

어느새, 동우의 이러한 행동은 헌제의 귀에까지 들어가게 되었다.

그러던 어느 날, 헌제가 동우를 궁궐로 불렀다.

헌제는 이런 이야기, 저런 이야기를 나누면서 동우의 품위를 살폈다.

'으음, 과연 생각한 대로야. 학자의 냄새가 온몸에 배어 있어!'

이렇게 생각한 헌제가 동우에게 말했다.

"내, 그대를 황문시랑(黃門侍郎)에 임명할 것이오. 그러니 내 글공부를 도와 주시오."

"폐하, 황은이 망극하옵니다."

이러한 동우의 명성은 나날이 멀리멀리 퍼져 나갔다. 그래서 동우의 집에 사람들이 많이 찾아오게 되었다.

찾아온 사람이 제자로 받아 주기를 부탁하면, 그는 언제나 이렇게 말했다.

"그렇다면 먼저 책을 백 번 읽게. 백 번 읽으면 그 뜻을 저절로 알게 될 것이네."

"선생님, 저는 책을 백 번이나 읽을 만한 여유가 없습니다. 하지만 저는 꼭 선생님의 제자가 되고 싶습니다."

하면서 투정을 부리면, 동우는 또 이렇게 말했다.

"책을 읽을 때는 세 가지 여분을 갖고 하게."

"선생님, 그 세 가지 여분이란 게 무엇입니까?"

"책읽기에 아주 좋은 세 가지의 한가한 시간을 '독서삼여(讀書三餘)'라 하지. 세 가지의 한가한 시간이란 계절 중에서는 '겨울'을 말하고, 또 하루 중에서는 '밤'을 말한다네. 그리고 날씨 중에서는 '비 올 때'를 말하지. 겨울은 한 해의 여분이고, 밤은 한 날의 여분이며, 비 올 때는 한 때의 여분이라네. 그러니 이 여분을 잘 이용해서 학문에 정진하면 될 것이야. 다시 말해서 학문을 하는 데는 노력 외에 다른 왕도가 없다는 말이네."

 # 읽으면서 바로 배우는 한자

讀 읽을 독

朗讀(낭독) : 소리를 내어 읽음.
讀書三昧(독서삼매) : 잡념이 없이 오직 책을 읽는 데에만 골몰한 경지.
晝耕夜讀(주경야독) : 바쁜 틈을 타서 글을 읽어 어렵게 공부함.

書 글 서

大書特筆(대서특필) : 어떤 일을 특히 드러내 보이려고 큰 글자로 두드러지게 나타내거나 큰 무게를 주어 씀.
焚書坑儒(분서갱유) : 중국 진시황이 즉위 34년에 학자들의 정치 비평을 금하려고, 민간에서 가지고 있던 의약과 복서, 농업에 관한 책만을 제외하고 모든 서적을 모아서 불살라 버리고, 이듬해 함양에서 유생 수백 명을 구덩이에 묻어 죽인 일.

百 일백 백

百年佳約(백년가약) : 젊은 남녀가 결혼해서 평생을 함께 지낼 것을 다짐하는 아름다운 언약.
百分率(백분율) : 전체 양을 100분의 1을 단위로 해서 나타내는 비율.

編 엮을 편

編曲(편곡) : 지어 놓은 악곡을 다른 형식으로 바꾸어 꾸미는 일.

豫算編成(예산편성) : 예산을 작성하는 일.

自 스스로 자

隱忍自重(은인자중) : 마음 속으로 참으며 신중하게 행동함.

悠悠自適(유유자적) : 속세를 떠나 어떤 것에도 속하지 않고 자기 하고 싶은 대로 조용하고 평안히 생활을 하는 일.

自業自得(자업자득) : 제가 저지른 일 때문에 스스로 그 결과를 받음.

自畵自讚 : (자화자찬) : 제가 한 일을 자기 스스로 자랑함.

見 뵐 현 볼 견

謁見(알현) : 지체가 높고 귀한 사람을 뵙는 일.

見物生心(견물생심) : 물건을 보면 그것을 갖고 싶다는 마음이 생긴다는 말.

 # 괄목상대(刮目相對)

刮 : 비빌 괄
目 : 눈 목
相 : 서로 상
對 : 기다릴 대

풀이
눈을 비비고 다시 보면서 상대를 대한다는 뜻으로, 다른 사람의 학식이나 재주가 전에 비해서 크게 진보했다는 말.

괄목상대(刮目相對)

아니, 자네가 여몽 맞는가?

　삼국 시대 초, 오나라 손권의 부하 중에 여몽(呂蒙)이라는 장군이 있었다.
　여몽은 처음에 졸병으로 전쟁터에 나갔다. 졸병이었지만, 용감하게 잘 싸워서 전투에서 공을 많이 쌓았기 때문에 장군의 자리에까지 올랐다. 그러나 여몽은 일자 무식인 사람이었다.
　그러던 어느 날이었다.
　손권이 여몽에게 말했다.
　"여몽, 그대가 용감한 건 천하에 모르는 사람이 없소."
　"주군, 과찬의 말씀이십니다."
　"지금 나는 그대를 과찬하고자 하는 게 아니오."
　"그 그럼, 저 그게 무슨 말씀이시온지요……."
　여몽이 어리둥절한 표정으로 손권에게 물었다.
　"그대의 힘과 용기는 우리 오나라에서 그 누구도 따를 장군이 없소. 하지만 그대는 글을 모르니, 학문은 물론이고 병서를 읽지 못하질 않소?"

"저 그 그게……."

여몽은 아무 변명도 하지 못했다.

"내 바라건대, 그대가 하루빨리 글을 익혀서, 학문은 물론이고 병서들을 두루 읽었으면 참 좋겠소. 생각해 보시오, 장군. 그대의 힘과 용기에 학문과 병법이 더해진다면 촉나라와 위나라를 통틀어서 장군 위에 설 사람은 아무도 없을 것이오."

"……."

얼굴이 빨갛게 달아오른 여몽은 대답 대신 무릎을 꿇고 고개를 푹 숙였다.

그런 일이 있은 뒤부터 여몽은 전쟁터에서도 손에서 책을 놓지 않았고, 학문과 병법을 익혔다.

"저분이 여몽 장군님 맞아?"

"그럼, 우리 장군님 맞고말고!"

"저렇게 밤낮없이 공부하시다가 병이라도 나시면 어쩌지?"

"거 걱정도 팔자슈. 우리 장군님은 아주 건강하시니까 그런 걱정일랑은 붙들어매 두고, 장군님 공부하시는 데 방해나 하지 마슈."

병사들도 그런 여몽에게 칭찬을 아끼지 않았다.

얼마 후, 뛰어난 학식을 가진 재상 노숙(魯肅)이 의논할 일이 있어서 여몽을 찾아갔다.

노숙과 여몽은 오랜 친구 사이였다. 그래서 노숙은 누구보다도 여몽을 잘 알고 있었다.

"어이, 이게 누군가?"

"여몽, 잘 있었는가?"

"어서 오게, 노숙"

두 사람은 손을 굳게 잡고 반갑게 인사를 나누었다.

그런데 이런 이야기, 저런 이야기를 나누던 노숙이 깜짝 놀랐다. 여몽이 너무나 박식해졌기 때문에.

"아 아니, 자네가 여몽 맞는가?"

"그럼, 나 여몽 맞지."

"여보게, 여몽. 자네 언제 그렇게 공부를 많이 했나?"

"틈틈이 했지. 하지만 아직도 워낙 아는 게 없어서……."

여몽이 장군답지 않게 얼굴을 붉혔다.

"여몽, 이제 자네는 오나라에 있을 때의 여몽이 아니네."

그러자 여몽은 이렇게 말했다.

"선비가 헤어진 지 사흘이 지나면 눈을 비비고 다시 보면서 상대를 대해야 할[괄목상대(刮目相對)] 만큼 달라져야 하는 게 아닌가?"

"그거 옳은 말이네. 여몽, 내가 오늘 자네에게 한수 배웠네, 그려. 허허허……."

그 후, 여몽은 학문에 더욱더 매진하고 병서를 읽고 또 읽어서 지식을 많이 쌓았다.

그러던 중에 절친한 친구이자 오나라의 재상인 노숙이 병들어 세상을 떠나고 말았다.

"아니, 여보게. 날 혼자 남겨 두고 자네만 떠나면 어찌하는가? 이제 누가 날 꾸짖을 것이며, 또한 누가 날 더 깊은 학문으로 이끌어 줄 것인가, 흐흐흑……."

여몽은 친구 노숙을 잃고 깊은 슬픔에 빠져 있었다.

그러나 그것도 잠시뿐이었다.

"여몽, 그대의 뛰어난 용맹과 깊은 지혜로 나를 보필하라!"

손권의 명령이 떨어졌기 때문이다.

"주군, 황공하옵니다."

여몽은 손권을 도와 나라의 힘을 키우는 데 모든 것을 바쳤다.

"우리가 기반을 다지면 형주(荊州)를 오나라에 돌려주겠소. 이 유비가 약속하리다!"

그러나 유비의 그 약속은 지켜지지 않았다.

그러자 여몽이 나서 손권에게 진언했다.

"지금 우리 오나라가 유비의 촉나라를 치려면, 위나라의 조조와 화해하셔야 하옵니다."

"알겠소. 그대의 계획대로 행하시오."

"알겠사옵니다, 주군!"

이렇게 해서 여몽은 유비를 치려고 치밀하게 세운 계획을 성사시킬 기회를 노리고 있었다. 그러던 중에 형주를 지키고 있던 촉나라의 관우가 중원(中原)으로 출병하게 되었다.

"주군, 때가 왔사옵니다. 이제 출병하시옵소서!"

여몽이 손권에게 진언했다.

여몽은 때를 놓치지 않고 관우가 지키던 여러 성(城)을 하나하나 공격했다. 그렇게 해서 여몽은 마침내 관우까지 사로잡는 큰 공을 세우게 되었다.

오나라의 손권과 백성들은 모두 여몽을 용맹하고 지혜로운 명장으로 떠받들었다.

 # 읽으면서 바로 배우는 한자

刮 비빌 괄

刮垢磨光(괄구마광) : 때를 벗기고 닦아서 광채를 낸다는 뜻으로, 사람의 결점을 고쳐서 장점을 발휘케 한다는 말.

刮腸洗胃(괄장세위) : 칼로 창자를 도려 내고 잿물로 위를 씻어 낸다는 뜻으로, 마음을 고쳐먹고 스스로 새로운 사람이 된다는 말.

龜背刮毛(귀배괄모) : 거북 등의 털을 벗겨 뜯는다는 뜻으로, 없는 것을 애써 구하려고 하는 것을 비유한 말.

呑刀刮腸(탄도괄장) : 칼을 삼켜 창자를 도려 낸다는 뜻으로, 악한 마음을 없애고 새로운 사람이 된다는 말.

目 눈 목

目不識丁(목불식정) : 아주 까막눈임을 비유하는 말.

目不忍見(목불인견) : 눈 뜨고 차마 볼 수 없음.

反目(반목) : 서로 미워함.

一目瞭然(일목요연) : 한 번 보아 잘 알 수 있음.

十目所視(십목소시) : 열 사람의 눈이 보고 있다는 뜻으로, 세상 사람을 속일 수 없다는 것을 비유한 말.

相 서로 상

亂脈相(난맥상) : 갈피를 잡을 수 없게 마구 헝클어져 어지러운 상태.
同病相憐(동병상련) : 1. 같은 병을 앓는 사람끼리 서로 가엾게 여김.
　　　　　　　　　2. 어려운 처지에 있는 사람끼리 동정하고 도움.
名實相符(명실상부) : 이름과 실상이 서로 틀리지 않음.
相扶相助(상부상조) : 서로서로 도움.
類類相從(유유상종) : 같은 동아리끼리 서로 왕래하며 사귀는 일.
一脈相通(일맥상통) : 성질이나 성격이 한 가지로 통함.

對 기다릴 대

對價(대가) : 자기의 재산이나 노력 같은 것을 다른 사람에게 주어 이용하게 하고, 그 보수로 얻는 재산상의 이익.
對空射擊(대공사격) : 공습한 적기에 대해 사격함.
對照(대조) : 1. 둘을 맞대어서 같고 다름을 비추어 봄.
　　　　　 2. 서로 달라서 대비됨.
接對(접대) : 맞이해서 대면함.

계륵(鷄肋)

鷄 : 닭 계
肋 : 갈비 륵

풀이
닭의 갈비라는 뜻으로, 먹자니 먹을 것은 별로 없고, 버리자니 아깝다는 말.

유사어
양수집병(兩手執餠) : 양손에 든 떡이라는 뜻으로, 갖기는 뭐하지만 버리기는 아깝다는 말.

출전 : 《후한서(後漢書)》〈양수전(楊修傳)〉

계륵(鷄肋)

지금은 일단 철수

위나라와 촉나라, 그리고 오나라가 천하를 나누어 차지하고 서로 패권을 다투던 때의 일이다.

익주(益州)를 점령한 유비가 한중(漢中)을 평정했다. 그러나 군사적 요충지인 한중을 그냥 포기할 위나라의 조조가 아니었다. 이렇게 해서 유비의 군대는 조조의 군대를 맞아서 치열한 한중 쟁탈전을 벌였다. 서로 밀고 밀리는 전투가 여러 달 계속되었다. 그렇지만 전쟁은 여전히 끝날 줄 몰랐다.

이때, 유비의 진영은 전쟁에 필요한 물자와 식량이 넉넉했고, 제갈량의 지휘 아래 병사들의 사기는 높았다. 그러나 조조의 진영은 정반대였다. 본진과 너무 멀리 떨어져 있었기 때문에 전투에 필요한 물자와 식량은 턱없이 모자랐고, 군기도 풀려 질서가 말이 아니었다. 게다가 도망치는 병사들이 많아서 공격할 수도 없고, 후퇴할 수도 없는 상태까지 되고 말았다.

그때, 군수 물자를 담당하는 장군이 조조의 막사로 들어왔다. 그 장군은 최고 우두머리인 조조에게 이러한 어려운 상황을 보고했다.

"지금은 더 버틸 수가 없습니다. 당장 철수해야 합니다!"

"……."

하지만 조조는 대답 대신에 뜯고 있던 닭갈비[계륵(鷄肋)]를 들었다 놓았다 할 뿐이었다. 결국 군수 물자를 담당하는 장군은 조조에게 아무 대답도 듣지 못하고 막사에서 물러나오고 말았다.

바로 그때, 조조가 소리쳤다.

"계륵!"

밖에 서 있던 주부(主簿) 양수(楊修)가 그 소리를 듣고 빙긋 웃었다. 그러고는 명령을 내렸다.

"모두 장안(長安)으로 돌아간다. 어서들 준비하라!"

그 소리를 막사 안에서 들은 조조가 씨익 웃었다. 최고 우두머리가 자기 입으로 '철수'라고 명령했다면 그 체면이 말이 아니었을 것이다. 그러나 부하인 양수가 알아서 '철수'라고 명령을 내렸으니 얼마나 기분이 좋았을까?

다른 참모들이 깜짝 놀라 양수에게 그 까닭을 물었다. 그러자 양수가 대답했다.

"계륵, 다시 말해서 닭의 갈비는 먹으려면 먹을 게 없고, 그렇다고 버리기도 아까운 겁니다. 지금 한중은 바로 이 닭의 갈비와 같습니다. 그러니 훗날을 기약하고 지금은 일단 철수하는 게 최선 아니겠습니까?"

그다음 날, 조조가 명령했다. 양수의 말대로.

"전군 철수!"

이렇게 해서 조조는 철수했고, 한중을 확보한 유비는 스스로 한중왕(漢中王)이 되었다.

한중은 중국 섬서성(陝西省) 서남쪽, 한수강(漢水江) 북쪽 기슭에 있는 지방이다. 사천(四川)과 호북(湖北) 두 성에 걸쳐 있는 요충지이고 한나라 고조의 근거지로 유명하다.

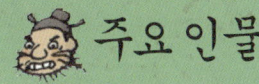 주요 인물

조조(曹操, 155-220)

위나라를 세운 장군으로, 자는 맹덕(孟德)인데, 환관 양자의 아들로 태어났다. 황건적의 난을 평정하면서 그 위세를 떨치기 시작했다. 정권을 장악한 그는 헌제를 옹립하고 권세를 휘둘렀다. 그는 화북(華北)을 거의 평정하고, 남하 계획을 세웠다. 그러나 208년 손권과 유비의 연합군과 적벽에서 싸워 대패했다. 같은 해에 그는 승상(丞相), 213년 위공(魏公), 216년 위왕(魏王)의 자리에까지 올랐다. 조조는 실권은 잡았지만 제위에 오르지 않았고, 220년 정월 낙양(洛陽)에서 세상을 떠났다. 문학을 사랑해서 건안 문학(建安文學)의 흥륭(興隆)을 가져왔다.

 읽으면서 바로 배우는 한자

鷄 닭 계

群鷄一鶴(군계일학) : 닭의 무리 중에 한 마리의 학이라는 뜻으로, 평범한 사람들 중에 뛰어난 한 사람을 이르는 말.

鷄卵有骨(계란유골) : 달걀에 뼈가 있다는 뜻으로, 늘 일이 잘 안 되는 사람이 어쩌다 좋은 기회를 만났지만, 역시 잘 안될 때를 이르는 말.

烏骨鷄(오골계) : 털, 가죽, 살, 뼈까지 검은 닭.

鬪鷄(투계) : 닭을 싸움 붙임.

鷄卵形(계란형) : 달걀 모양.

肋 갈비 륵

肋骨(늑골) : 등뼈와 가슴뼈에 붙어 흉곽을 이루는 활 모양의 뼈를 말하는데, 좌우 12쌍이 있고, 갈비, 갈비뼈와 같은 말.

肋膜(늑막) : 흉곽의 내면과 폐의 표면, 횡격막의 윗면을 덮고 있는 얇은 막.

肋木(늑목) : 기둥이 되는 나무 사이에 많은 가로대를 고정시킨 것으로, 몸을 바르게 하는 운동에 쓰는 기구.

내조지공(內助之功)

內 : 안 내
助 : 도울 조
之 : 갈 지, 어조사 지
功 : 공 공

풀이
안에서 돕는 공이라는 뜻으로, 아내가 집안의 일을 잘 다스려서 남편을 돕는 일을 이르는 말.

준말
내조(內助)

동의어
내조지현(內助之賢) : 현명한 아내의 내조(내부에서 하는 원조)라는 뜻으로, 아내가 집안의 일을 잘 다스려서 남편을 돕는다는 말.

내조지공(內助之功)

아니 되옵니다

위나라의 실권을 완전히 장악한 조조는 이제 황제까지도 자기 마음대로 조종하게 되었다. 이런 조조에게 큰 걱정거리가 생겼다.

'누구를 후계자로 삼을 것인가? 집안의 장손인 비를 후계자로 삼는다? 하지만 그의 아우 식은 더 똑똑하고 문장이 뛰어나지 않은가?'

조조는 고민 끝에 드디어 후계자를 정했다. 맏아들인 조비를 황태자의 자리에 올린 것이다.

조비가 황태자의 자리에 오르기까지는 곽(郭)씨의 도움이 컸다. 셋째 아들인 조식이 맏아들인 조비보다 똑똑하고 문장이 뛰어났을 뿐만 아니라, 조조가 조식을 더 아끼고 사랑했기 때문이다. 그래서 곽씨는 여러 가지 방법을 다 동원했다.

곽씨는 조조가 실권을 완전히 장악했을 때 동궁(東宮)으로 들어왔다. 곽씨는 군(君)의 장관(長官)인 곽영(郭永)의 딸이었다. 곽씨는 남달리 영특했다. 그래서 아버지인 곽영은,

"내 딸은 여자 중의 왕!"

이라고 떠들고 다녔다. 그래서 그를 따르는 사람들은 곽씨를 '여왕'이라고 불렀다. 시간이 흘러 조비가 황제의 자리에 올라 문제(文帝)가 된 뒤에 견후(甄后)를 폐하고 곽씨를 황후로 삼으려고 했다.

그러자 중랑(中郞)인 잔잠(棧潛)이 이를 말리는 상소를 올렸다.

옛 제왕이 세상을 잘 다스린 것은, 외부에 재상처럼 나라 일을 공식적으로 보좌한 사람이 있었기 때문입니다. 뿐만 아니라 내부에는 도움을 주는 아내의 공[내조지공(內助之功)]이 있었기 때문이옵니다.

그 후에도 잔잠은 여러 차례 문제 조비에게 진언했다.

"폐하, 곽씨를 황후로 세우시면 아니 되옵니다."

"왜 안 된다고만 하시오?"

"만일 곽씨를 황후로 세우신다면, 그건 아랫사람이 윗사람을 누르는 격이 되기 때문이옵니다. 그렇게 되면 나라의 질서가 혼란에 빠질 것이고, 나라가 어려워지는 원인이 될 것이 뻔하옵니다."

"닥치시오!"

조비는 잔잠의 진언을 듣지 않고, 곽씨를 황후의 자리에 앉혔다.

읽으면서 바로 배우는 한자

內 안 내
內閣(내각) : 수상 또는 국무총리와 장관들로 구성되는 행정부의 최고 합의 기관.
內科(내과) : 내장의 기관에 생긴 병을 고치는 의술의 한 부문.
內省的(내성적) : 겉으로 드러내지 않고 마음 속으로만 생각하는 성격.
內憂外患(내우외환) : 내우와 외환. 나라 안팎의 근심 걱정.
內柔外剛(내유외강) : 사실은 마음이 부드럽지만 외부에 나타나는 태도는 강하게 보임.
案內(안내) : 1. 길이나 사정 등을 알려 주거나 이끄는 일.
 2. 어떤 내용을 소개하는 것.

助 도울 조

共助(공조) : 함께 돕거나, 서로 도움.
補助(보조) : 물질적으로 보태어 도움.
助演(조연) : 연극, 영화에서 주역을 보조함. 또는 그 역을 맡은 사람.
天佑神助(천우신조) : 하늘의 도움과 신령의 도움.
協助(협조) : 힘을 보태어 서로 도움.

災害救助(재해구조) : 풍수해, 지진, 해일, 화재 등 여러 가지 뜻하지 않은 재해를 입은 사람들을 돕고 보호하는 일을 이르는 말.

功 공 공

開國功臣(개국공신) : 나라를 새로 세울 때에 공로가 있는 신하.

功過相半(공과상반) : 공로와 허물이 서로 반반임.

功勞(공로) : 일을 이루는 데 들인 노력이나 수고. 또는 그 공.

功名心(공명심) : 공을 세워 이름을 떨치고자 하는 마음.

論功行賞(논공행상) : 공을 평가해서 상을 주거나 표창함.

富貴功名(부귀공명) : 재물이 많고 지위가 높으며 공을 세워 이름을 떨침.

年功序列(연공서열) : 근무 기간이나 나이가 많아짐에 따라 지위가 높아지고 봉급이 많아지는 일.

成功(성공) : 뜻한 것이 이루어졌다거나, 사회적 지위를 얻었다는 말.

칠보지재(七步之才)

七 : 일곱 칠
步 : 걸음 보
之 : 갈 지, 어조사 지
才 : 재주 재

풀이
일곱 걸음을 옮기는 사이에 시를 지을 수 있는 재주라는 뜻으로, 시를 빨리 짓거나 아주 뛰어난 글재주를 이르는 말.

동의어
칠보재(七步才). 칠보시(七步詩)

유사어
의마지재(倚馬之才) : 말에 의지하고 기다리는 동안에 긴 문장을 지어 내는 글재주라는 뜻으로, 글을 빠르고도 잘 짓는 재주를 이르는 말.
오보시(五步詩) : 다섯 걸음을 옮기는 사이에 시를 지을 수 있는 재주라는 뜻으로, 시를 빨리 짓거나 아주 뛰어난 글재주를 이르는 말.

출전 : 《세설신어(世說新語)》〈문학편(文學篇)〉

칠보지재(七步之才)

저 녀석은 눈엣가시야

　삼국 시대를 주름잡으면서 위나라의 권력을 휘어잡은 조조는 뛰어난 정치 수완과 뛰어난 지략으로 그 이름이 널리 알려져 있었다. 또한 조조는 시를 짓기도 좋아했다. 그래서 건안 문학의 융성을 가져왔을 만큼 좋은 작품을 많이 남겼다. 그런 문학적인 재능은 자연히 자식들에게 영향을 주었다.

　맏아들인 조비(曹丕)와 셋째 아들인 조식(曹植)도 문학적인 재능이 뛰어났다. 특히 셋째 아들 조식은 시를 짓는 재능이 아주 뛰어났다. 그 시대의 대가들도 조식이 지은 시를 보면 저절로 입에서 감탄사가 툭툭 튀어나올 정도였다.

　한동안 조조는 후계자 문제로 고민에 빠졌다.

　결과는 맏아들인 조비를 황태자의 자리에 올렸지만, 조조는 조비보다 똑똑하고 문장이 뛰어난 조식을 더 사랑하고 아꼈던 것이다.

　조비는 어릴 때부터 식의 글재주를 늘 시기했다. 그러다 보니 식이 하는 모든 것이 미웠다.

'저녀석만 없으면 좋겠어. 글재주도 글재주지만, 하마터면 아버님의 후계자 자리를 빼앗길 뻔했으니까 말야. 저녀석은 눈엣가시야. 저승사자는 뭐 하나. 저런 녀석 안 잡아가고.'

아버지 조조가 세상을 떠나자, 후한의 헌제를 폐하고 황제[문제(文帝)]의 자리에 오른 조비는 조식을 더 미워했다.

그러던 어느 날이었다. 문제는 동아왕(東阿王)으로 책봉된 조식을 불러 명령했다.

"일곱 걸음을 옮기는 사이에 시를 짓도록 하라."

"네에?"

조식은 깜짝 놀랐다. 그러나 곧 마음을 가다듬었다. 큰형인 문제가 어떤 사람인지 잘 알고 있었기 때문이다.

"만에 하나 일곱 걸음을 옮기는 동안 시를 짓지[칠보시(七步詩)] 못할 때에는 엄한 벌을 내릴 것이다."

"알겠습니다."

조식이 담담하게 대답했다.

자세를 바로잡은 조식은 걸음을 옮기며 시를 읊었다.

콩 줄기를 태워서 콩을 삶으니[자두연두기(煮豆燃豆萁)],
가마솥 안에 있는 콩이 우는구나[두재부중읍(豆在釜中泣)].
본디 같은 뿌리에서 태어났건만[본시동근생(本是同根生)],

어찌해서 이렇게 급하게 삶는가[상전하태급(相煎何太急)].

'아 저 시는!'
칠보시를 다 들은 문제는 가슴이 뜨끔했다. 얼굴은 화로를 지피는 것처럼 화끈거렸다.

정말 문제가 부끄러워서 가슴이 뜨끔할 만했다.

왜냐하면, '우리는 같은 부모에게서 난 형제인데, 왜 이리 심하게 괴롭히는가'라는 뜻이었으니까.

그런 일이 있은 뒤에 사람들은 형제나 같은 집안, 같은 나라 사람들이 싸우는 것을 보면 이렇게 말했다. '자두연기'라고.

이것은 '자두연두기'를 줄여서 '자두연기'라고 말한 것이다.

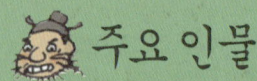 주요 인물

조비(曹丕, 187-226)
자는 자환(子桓)으로, 조조의 맏아들이다. 그는 동생 조식을 지지하는 세력을 물리치고 황태자가 되었다. 그 후에 한나라 헌제에게 양위받아 위나라 초대 황제(재위 220-226)가 되고, 도읍을 낙양(洛陽)으로 정했다. 즉위 후에 한나라의 제도를 개혁하고 9품관인법(九品官人法)을 시행해서 위나라의 힘을 증강시켜 오나라와 촉나라에 대항했다. 동생 조식과 함께 문인(文人)으로 명성이 높았고, 문학을 장려했다. 그가 지은 책으로는 《전론(典論)》《시부(詩賦)》 등이 있다.

조식(曹植, 192-232)
자는 자건(子建)으로, 조조의 셋째 아들이며, 조비의 동생이다. 조조, 조비, 조식을 '삼조(三曹)'라 하는데, 이들은 '건안 문학'의 중심적 인물이다. 맏형인 조비와 황태자 계승 문제로 싸우다가 29세 때 아버지가 죽고 형이 위의 초대 황제로 즉위한 뒤에 그의 측근자에게 죽임을 당했다. 그는 공융(孔融), 진림(陳琳) 등 건안 칠자(建安七子)들과 사귀어 당시의 문학적 중심을 이루었고, 오언시를 서정시로 완성시켰다. 그의 문학사상은 후세에 끼친 영향이 크다. 작품에는 역경과 고난을 노래한 대표작으로 《증백마왕표칠수(贈白馬王彪七首)》,《칠애시(七哀詩)》 등이 있다.

 읽으면서 바로 배우는 한자

七 일곱 칠

七難八苦(칠난팔고) : 일곱 가지 어려움과 여덟 가지 고통이라는 뜻으로, 온갖 고난을 이르는 말.

七年之病求三年之艾(칠년지병구삼년지애) : 칠 년 동안 앓던 병을 고치려고 삼 년 동안 말린 쑥을 구한다는 뜻으로, 평소에 준비해 두지 않았다가 일을 당해서 갑자기 구할 때는 이미 때가 늦음을 이르는 말.

步 걸음 보

競步(경보) : 육상 경기의 하나로 한쪽 발이 땅에 떨어지기 전에 다른 발이 땅에 닿게 해서 빨리 걷는 경기.

進一步(진일보) : 한 걸음 더 나아감.

十步歌(십보가) : 조선 시대 고종 때, 신재효가 지은 것으로, 열 걸음을 떼어 놓으면서 걸음마다 숫자를 넣어 재미있게 말을 엮은 내용의 가사(歌辭).

速步(속보) : 뛰지 않을 정도로 빠르게 걷는 걸음.

之 갈 지 어조사 지

窮餘之策(궁여지책) : 궁박한 나머지 생각하다 못해 짜낸 꾀.

犬馬之勞(견마지로) : 1. 임금이나 나라에 정성껏 충성을 다함.
　　　　　　　　　　 2. 윗사람에게 자기의 노력을 겸손하게 이르는 말.

金蘭之交(금란지교) : 벗 사이의 매우 두터운 교분.

伯仲之勢(백중지세) : 서로 비슷비슷해서 우열을 가리기 힘든 형세.

螢雪之功(형설지공) : 꾸준하고 부지런하게 학문을 닦는 공.

才 재주 재

才勝德薄(재승덕박) : 재주는 있으나 덕이 적음.

濟世之才(제세지재) : 세상을 구제할 만한 재주. 또는 그런 재주를 가진 사람.

才力(재력) : 재주와 능력을 이르는 말.

才名(재명) : 재주로 얻은 명망. 명망이란 좋은 평판과 사람들이 우러르고 따르는 덕망을 이르는 말.

 # 칠종칠금(七縱七擒)

七 : 일곱 칠
縱 : 놓을 종
七 : 일곱 칠
擒 : 사로잡을 금

풀이
일곱 번 잡았다가 일곱 번 놓아 준다는 뜻으로, 상대를 마음대로 다룬다는 말, 또는 상대가 숙이고 들어오기를 기다린다는 말로, 제갈량이 자유자재로 전술(戰術)을 구사해서 적의 장군 맹획(孟獲)을 일곱 번 놓아 주고 일곱 번 사로잡았다는 데서 나온 말.

준말
칠금(七擒)

칠종칠금(七縱七擒)

맹획을 풀어 주어라

병세가 점점 악화되자 유비가 제갈량을 불렀다.

"주군, 부르셨습니까?"

"그렇소. 내 할 말이 있어 불렀소, 공명."

"주군, 지금은 편찮으십니다. 그러니 말을 아끼시는 게 약입니다."

"아니오, 공명. 그대도 알다시피 내 목숨은 이제 얼마 남지 않았소."

"아닙니다, 주군. 마음을 굳게 잡수셔야 합니다."

"괜한 소리 해서 날 위로하시 마시오, 공명."

"알겠습니다, 주군. 그럼 하실 말씀은?"

"으음, 공명. 내 이루지 못한 일이 있소이다. 위나라를 굴복시키지 못한 것이 그것이오. 그러니 원수인 위나라를 꼭 쳐 주시오."

"알겠습니다, 주군!"

"그래서 중원을 확보하고 삼국을 통일해 주시오."

"알겠습니다, 주군!"

"그리고 내 아들 유선을 잘 도와 주시오……."

"신 제갈량, 몸과 마음을 다 바쳐서 주군의 명을 따르겠나이다. 흐흐흑
……."

이것이 유비와 제갈량이 나눈 마지막 대화였다.

"아, 주군! 신 제갈량, 주군의 유언을 충실히 이행하겠나이다. 주군, 부디 편히 가시옵소서!"

삼국 시대 촉[蜀, 촉한(蜀漢)]의 제1대 황제인 유비가 세상을 떠나자, 제갈량은 후주(後主)인 유선(劉禪)을 지극 정성으로 보필했다.

그때, 각지에서 반란이 일어났다. 그런데 가장 큰 골칫거리는 서남 쪽에서 들고일어난 오랑캐였다.

'위나라를 쳐서 주군의 유언을 받들어야 하지만, 먼저 내란부터 평정해야 한다. 그러려면 오랑캐들을 견제해야 하고……. 으음, 중간에서 서로를 멀어지게 하는 술책인 이간책을 써야겠군!'

유선은 아직 어려서 군대를 통솔할 수가 없었다. 그래서 제갈량은 적진에 유언비어(流言蜚語 : 아무 근거 없이 널리 퍼진 소문)를 퍼뜨려 이간책을 썼다.

생각한 대로 반란군은 자기들끼리 서로 다투고, 서로 내분을 일으키며, 서로 싸우고, 서로 죽이는 일이 벌어졌다.

그 결과, 마지막으로 등장한 반란군의 장군은 맹획(孟獲)이었다. 맹획이 반기를 들자, 제갈량은 군대를 이끌고 노강 깊숙이 들어가서 그를 사로잡았다.

'아, 분하다, 분해. 내가 제갈량 책략에 깜빡 속았어!'

사로잡힌 맹획은 분통이 터졌지만, 이미 어찌할 수 없는 상황에 처해 있었다.

'음……. 맹획을 사로잡았지만, 적장을 바로 죽이는 것만이 최선책이 아니다. 맹획이 누구인가? 맹획은 오랑캐들이 높이 떠받드는 장군이 아닌가! 그래, 좀더 두고 보자.'

제갈량은 이렇게 생각하고 있었다.

읍참마속으로 유명한 장군 마속 또한 같은 생각을 가지고 있었다. 그래서 마속은 제갈량을 찾아가 말했다.

"지금 쓸 최상의 책략은 심리전입니다. 심리전을 써서 병사들은 물론이고 백성의 마음을 공략하고 그들을 감동시켜서 그들의 마음을 사로잡는 것입니다. 병사들을 동원해서 성을 함락시키는 군사전은 그 하책일 뿐입니다. 그러니 승상. 청하건대, 승상께서는 먼저 적들의 마음을 정복하소서!"

"장군, 나도 장군과 같은 생각이오. 그러나 아직 결심을 못하고 망설이고 있었소. 장군도 나와 뜻이 같으니 우리 힘을 합쳐 계획을 세우고, 그 계획을 행합시다."

"분부 받들겠나이다, 승상!"

제갈량은 오랑캐들의 마음을 사로잡고 나면 그들의 인적, 물적 자원을 바탕으로 북벌(北伐)도 한결 쉬울 것이라고 생각했다.

"맹획을 풀어 줘라!"

"존명!"

제갈량의 명령이 떨어지자, 풀려난 맹획은 고향에 돌아갔다.

"내 그 공명인지, 공갈인지 하는 그 위인을 가만두지 않을 것이야!"

이를 뿌드득 간 맹획은 전열을 재정비해서 또다시 반란을 일으켰다.

"공명을 잡으러 간다. 공격, 앞으로!"

제갈량은 자신의 지략을 이용해서 맹획을 다시 사로잡았지만 또 풀어주었다. 이렇게 하기를 일곱 번.

마침내 맹획이 제갈량에게 감동해서 말했다.

"승상, 이제야 깨달았습니다. 제 스스로 제 마음에서 우러나 복종하기를 청하오니, 부디 받아 주소서."

읽으면서 바로 배우는 한자

七 일곱 칠

北斗七星(북두칠성) : 큰곰자리의 별들로, 국자 모양을 이룬 일곱 개의 별.

竹林七賢(죽림칠현) : 중국 진나라 초기에 노자와 장자의 사상을 따라 죽림에 모여 청담을 일삼았던 일곱 명의 선비. 산도, 왕융, 유영, 완적, 완함, 혜강, 상수 일곱 선비를 말함.

七顚八起(칠전팔기) : 일곱 번 넘어지고 여덟 번 일어난다는 뜻으로, 여러 번의 실패에도 굽히지 않고 분투함을 이르는 말.

七旬(칠순) : 1. 일흔 날.
　　　　　 2. 일흔 살.

七去之惡(칠거지악) : 옛날에 아내를 내쫓을 수 있는 이유가 되는 일곱 가지의 허물. 곧 시부모에게 불순함, 자식이 없음, 음행함, 투기함, 악질이 있음, 말이 많음, 도둑질함을 말함.

戰國七雄(전국칠웅) : 중국 전국 시대의 진(秦), 초(楚), 연(燕), 제(齊), 조(趙), 위(魏), 한(韓)의 일곱 제후.

縱 놓을 종

縱列(종렬) : 세로로 줄을 늘어섬. 또는 그 줄.

縱橫(종횡) : 가로와 세로를 이르는 말.

縱橫無盡(종횡무진) : 행동을 마음 내키는 대로 자유자재로 한다는 말.

縱斷(종단) : 세로로 끊거나 길이로 자른다는 말. 또는 남북 방향으로 지나간다는 말.

放縱(방종) : 거리낌없이 제멋대로 함부로 행동함.

擒 사로잡을 금

擒而縱(금이종) : 잡을 듯하면서 놓아 줌.

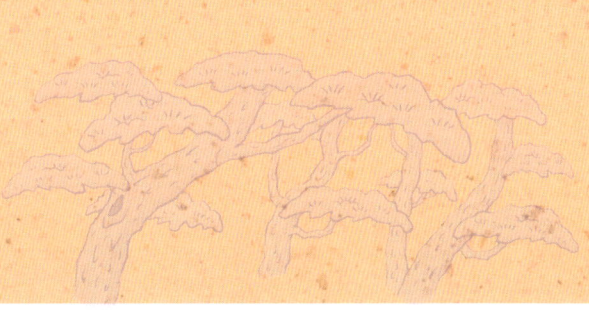

 # 읍참마속(泣斬馬謖)

泣 : 울 읍
斬 : 벨 참
馬 : 말 마
謖 : 일어날 속

풀이
울면서 마속을 벤다는 뜻으로, 법을 공정하게 지키기 위해서는 사사로운 정을 버려야 한다는 말.

유사어
일벌백계(一罰百戒) : 하나를 처벌해서 백이 경계한다는 뜻으로, 본보기로 하는 처벌을 이르는 말.

읍참마속(泣斬馬謖)

아, 마속. 이제 어쩔 수 없구나

촉나라 건흥(建興) 5년 3월, 서기로는 227년의 일이다.

"전군 출발!"

군사에서 승상으로 자리가 오른 제갈량은 대군을 이끌고 성도를 출발했다.

"적군을 섬멸하라!"

"와 와와!"

제갈량이 이끄는 촉나라 군대는 한중을 빠른 기세로 휩쓸어 장악했다. 그리고 기산(祁山)으로 진출해서 위나라 군대를 크게 무찔렀다.

"뭐 뭐라, 기산이 위험하다고?"

"한중이 무너졌으니, 기산이 무너지는 건 시간 문제입니다."

"어허, 이를 어찌하면 좋단 말인가? 가만 있자……."

작전 참모의 보고를 듣고 생각하던 조조가 무릎을 탁 쳤다.

"그래, 적임자가 있다."

"누구를 지목하시는지요?"

"사마의 장군을 보내라!"

"존명!"

조조가 급파한 위나라의 명장 사마의(司馬懿)는 20만 대군으로 기산의 산과 들에 부채꼴 모양[선형(扇形)]의 진(陣)을 치고 제갈량의 촉나라 군대와 대치했다.

'으음, 선형의 진으로 대항하겠다! 과연, 지략이 뛰어난 사마의답군. 그렇다면 나도 방법이 있지!'

제갈량의 책략은 이미 서 있었다.

'하지만 만만치만은 않아. 사마의는 틀림없이 군량 수송로의 요충지인 가정(街亭)을 중점적으로 공격할 텐데, 그곳을 지켜 내는 게 가장 문제로군. 만약 가정을 잃으면 우리 촉나라가 중원으로 진출할 웅대한 계획은 물거품이 되고 마는데……. 지금 우리 장군 중에서 그 중책을 맡길 만한 장군이 마땅치가 않아. 아, 어느 장군에게 이 무거운 짐을 지운단 말인가…….'

제갈량이 생각에 생각을 거듭했다.

"승상!"

그때, 제갈량의 막사를 찾아온 장군은 마속이었다.

"승상, 무슨 고민을 그리 하십니까? 소장을 보내 주소서. 소장이 가서 사마의의 목을 베어 올 것입니다."

"……"

제갈량은 대답을 미루고 잠시 생각에 잠겼다.

　마속은 제갈량과 문경지교(刎頸之交 : 목을 쳐도 후회하지 않을 정도의 사이라는 뜻으로, 생사를 같이할 수 있는 아주 가까운 사이, 또는 그런 친구를 이르는 말)를 맺은 뛰어난 참모 마량의 동생으로, 평소에 제갈량이 아끼는 혈기 왕성한 장군이었다.

　"마속, 상대는 사마의 아닌가? 사마의가 누구인가? 비록 적장이지만, 늙은 여우처럼 지혜로운 장군일세."

　제갈량이 말렸지만, 마속은 거듭 간청했다.

　"승상, 소장도 여러 해 전투에 참가해 실전을 익혔습니다. 또한 병서를 읽고 깨치고 실전에 적용해서 여러 번 승전 소식도 전해 드렸습니다. 그런 제가 어찌 가정을 못 지키겠습니까?"

"사마의 같은 장군과 대결하기에는 자네가 아직 어리고, 경험이 부족하다는 게지, 결코 자네를 과소평가해서 하는 말은 아닐세!"

"승상, 만약 제가 패하면 저는 물론이고 우리 가족 모두가 참형을 당해도 결코 원망하지 않겠습니다!"

"그런 결심이라면 내 더 이상 말리지 않겠네. 그러나 마속, 군율(軍律)을 어기면 그 누구도 예외 없이 처벌받는다는 것을 명심하게!"

"존명!"

부리나케 말을 달려 가정에 도착한 마속은 지형부터 살폈다.

'삼면이 절벽을 이룬 산이 있군. 그렇다면……. 그래, 저 산에 진을 치는 거야. 그리고 적군을 산으로 유인해서 역공을 하는 거야.'

그러나 제갈량의 명령은 달랐다. 제갈량은 그 산기슭의 좁은 길을 지키기만 하라는 것이었다. 마속이 욕심을 부렸던 것이다.

마속은 병사들을 이동시켜 자기가 짠 작전대로 산에 진을 쳤다. 이로써 마속은 돌이킬 수 없는 실수를 범하고 말았다.

"아니, 이게 어떻게 된 일이냐?"

위나라 군대의 상황을 살피던 마속이 깜짝 놀라 부관에게 물었다.

"장군, 적군이 움직이질 않습니다."

"뭐라. 적군이 우리 쪽으로 올라와야 우리가 공격할 게 아니냐?"

"그러게 말입니다."

마속이 짠 작전과는 달리, 위나라 병사들은 산기슭을 포위만 하고 있을 뿐, 산으로 올라와서 공격하지 않았다.

얼마 후, 부관이 달려와 보고했다.

"장군, 먹을 물이 떨어졌습니다."

"예비용도 없단 말이냐?"

"네, 장군. 예비용까지 모두 바닥을 드러냈습니다."

"먹을 물이 다 떨어졌다면 어찌 더 버틸 수 있겠는가? 안 되겠구나. 부관, 모든 병사들에게 명령하라. 일제히 돌격해 내려가서 적의 포위망을 뚫고 나가라고!"

"존명!"

마속의 신호가 떨어지자, 촉나라 병사들은 일제히 산에서 내려갔다.

"돌격, 앞으로!"

"와 와와!"

이를 본 위나라 용장 장합이 부관에게 명령했다.

"촉나라 병사들이 온다. 다들 지시한 대로 행하라!"

산에서 내려오는 촉나라 병사들과 산기슭을 포위하고 기다리는 위나라 병사들의 칼과 창에서 불꽃이 팍팍 튀었다.

"쨍!"

"캉!"

그러나 마속이 이끄는 촉나라 군대는 장합이 이끄는 위나라 군대에 참패를 당하고 말았다.

"후퇴!"

마속의 패배로 제갈량은 모든 병사들을 한중으로 후퇴시켰다.

'아, 마속의 패배는 곧 나의 패배다……'

제갈량은 마속에게 중책을 맡겼던 것을 크게 후회했다.

'아아, 마속. 그대는 출전하기 전에 가정을 사수하겠다고 한 약속을 지키지 못한 게 군율을 어긴 것이요, 또한 산기슭 좁은 길을 지키고만 있으라고 한 내 명령을 어긴 게 군율을 어긴 것이다. 아, 마속. 이제 어쩔 수 없구나. 그대는 이제 참형을 면치 못할 것이야……'

다음 해 228년 5월, 마속이 처형되는 날이었다.

성도에서 연락관으로 와 있던 장완이 제갈량을 찾아가 설득했다.

"승상, 마속은 젊고 유능한 장군입니다. 승상께서도 아시다시피 앞으로 나라를 위해 큰일을 할 인재란 말입니다. 마속 같은 장군을 잃는 건 나라의 큰 손실입니다. 그러니 형을 감해 주십시오!"

그러나 제갈량은 고개를 가로저었다.

"말한 것처럼 마속 장군을 잃는다는 건 정말 나라의 큰 손실이오. 하지만 사사로운 정에 끌려서 엄한 군율을 저버린다면 마속이 지은 죄보다 더 큰 죄를 짓는 것이오. 그러니 아끼는 사람일수록 가차없이 처단해야 하는 것이오. 그렇게 해서 대의(大義)를 바로잡지 않는다면 나라의 기강은 쉽게 무너지는 법이오."

마침내 마속을 처형하라는 명령이 떨어졌다.

마속이 형장으로 끌려가는 것을 본 제갈량은 소맷자락을 펴서 얼굴을 가렸다.

'아, 마속, 잘 가게. 그리고 이렇게 해야만 하는 승상인 나 제갈량을 이해하고 용서하게…….'

그러고는 소리 없이 울었다.

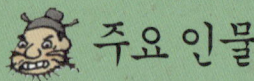 주요 인물

마속(馬謖, 190-228)

촉나라의 장군으로, 자는 유상(幼常)이다. 마량을 포함해서 다섯 형제가 모두 명성을 떨쳤다. 유비를 찾아간 마속은 가서 제갈량에게 중용(重用)되었다. 그러나 유비는 임종 때, '마속은 행동보다 말이 앞서니 중요한 일을 시키지 마시오' 하고 제갈량에게 경고했다. 그런데도 제갈량은 가정 전투에서 여러 장군들의 반대를 무릅쓰고, 마속을 선봉장으로 임명했다. 그러나 결과는 패전이었다. 제갈량은 군율대로 눈물을 머금고 마속의 목을 베었다. 그러나 남은 가족들은 전과 다름없이 대우했다.

사마의(司馬懿, 179-251)

위나라의 권세 있는 신하로, 자는 중달(仲達)이며, 뒤에 서진(西晉)을 세웠다. 처음에는 조조의 부하였는데, 아들 조비와 명제(明帝), 제왕(齊王) 3대 황제를 섬기면서 대도독(大都督)이 되었고, 위나라의 군대를 이끌면서 권세 있는 신하가 되어, 자신의 손자 사마염(司馬炎) 때 제위를 빼앗아 진나라를 일으키는 데 공을 세웠다. 그는 촉나라의 제갈량을 오장원에서 막은 것으로 유명하다. 또한 요동(遼東)을 정벌해서 요동의 태수 공손연(公孫淵)을 멸망시키고, 요동을 위나라의 영토로 삼았다. 그 밖에 남쪽의 오나라에 대항해서 국방을 튼튼히 했다.

 읽으면서 바로 배우는 한자

泣 울 읍

感泣(감읍) : 감격해서 운다는 말.

驚神泣鬼(경신읍귀) : 신이 놀라고 귀신이 운다는 뜻으로, 매우 뛰어난 시문(詩文)은 귀신을 감동시킨다는 말.

墨子泣絲(묵자읍사) : 묵자가 실을 보고 울었다는 뜻으로, 사람은 습관이나 환경에 따라 그 성품이 착해지기도 악해지기도 한다는 말.

如泣如笑(여읍여소) : 우는 것 같기도 하고 웃는 것 같기도 하다는 말.

泣訴(읍소) : 울며 하소연함.

斬 벨 참

斬刑(참형) : 1. 목을 베어 죽임.
            2. 목을 베어 죽이는 형벌.

斬首(참수) : 목을 자름.

立斬以徇(입참이순) : 그 자리에서 참수해서 무리의 본보기로 경계한다는 말.

誅斬賊盜(주참적도) : 역적과 도적을 베어 물리친다는 말.

斬新(참신) : 취향이 무척 새롭다는 말.

馬 말 마

競馬(경마) : 말을 타고 경주하는 일.

騎馬戰(기마전) : 1. 말을 타고 하는 싸움.
2. 두세 사람으로 짝을 지어 앞 사람의 어깨에 팔을 걸어 만든 말을 타고 상대를 쓰러뜨리는 경기.

大馬不死(대마불사) : 바둑에서, 대마는 쉽게 죽지 않는다는 말.

馬耳東風(마이동풍) : 남의 말을 귀담아 듣지 않고 지나쳐 흘려 버림을 이르는 말.

塞翁之馬(새옹지마) : 북쪽 변방의 한 늙은이가 기르던 말이 달아났다가 한 필의 준마를 데리고 왔는데, 아들이 그 준마를 타다가 떨어져 절름발이가 되었으나, 그것 때문에 전쟁터에 나가지 않아 목숨을 보전했다는 고사에서 나온 것으로, 사람의 길흉화복은 예측할 수 없다는 뜻.

鐵馬(철마) : 쇠로 만든 말이라는 뜻으로, 기차를 일컫는 말.

千里馬(천리마) : 하루에 천리의 먼길을 달릴 수 있는 좋은 말.

回轉木馬(회전목마) : 놀이 기구의 하나. 축의 둘레에 목마를 두어 그 축을 회전시킴으로 목마를 돌게 한다.

반골(反骨)

反 : 뒤집힐 반
骨 : 뼈 골

풀이
뼈가 뒤집혀서 거꾸로 되어 있다는 말로, 모반(謀叛)을 뜻한다. 모반이란, 자기 나라와 자기 군주를 배반하고 뒤집어엎어서 남의 나라와 남의 군주를 좇으려 하는 것을 이르는 말.

출전 : 《후한서(後漢書)》

반골(反骨)

아무래도 예감이 불길해

촉나라에 위연(魏然)이라는 장군이 있었다.

어느 날, 유비가 고민하고 있었다.

'한중의 태수로 누가 합당할까?'

이 사람을 떠올리고,

'아니야. 그는 임무의 처리 능력은 무척 뛰어난 관리야. 하지만 인물됨은 낙제……'

하면서 고개를 가로저었다. 이번에는 저 사람을 떠올리고는,

'그도 아니야. 그는 인물됨이 넉넉해서 백성들과 병사들 또한 잘 따르는 장군이야. 하지만 임무의 처리 능력은 낙제……'

하면서 고개를 가로저었다.

그러던 중에 유비가 무릎을 탁 쳤다.

'아, 위연! 그래, 위연이 있었지. 그는 용맹한 데다가 호탕해. 그리고 지혜롭게 책략도 잘 쓰고, 임무의 처리 능력 또한 뛰어나지. 하지만…….

하지만 그는 자기 재주를 과신하고 다른 사람을 업신여기는 게 단점인데…….'

유비는 고민에 고민을 거듭했다.

유비가 이렇게 고민했던 것은 그만한 이유가 있었다. 장군들과 관리들 사이에서 떠도는 소문을 들어 알고 있었기 때문이다. 그 소문에 따르면 장비가 한중의 태수로 갈 것이라 했기 때문에.

'그래, 선택했어!'

마침내 유비가 결론을 내렸다.

'한중의 태수는 위연!'

유비는 장군으로서의 능력을 인정한 것이다.

"밖에 누구 없느냐?"

"대기하고 있사옵니다."

"위연 장군을 들라 해라."

"명, 받잡겠사옵니다."

얼마 후, 위연이 유비에게 와 인사했다.

"위연 대령했사옵니다."

"어서 오시오, 위연 장군. 장군은 용맹하고 지략이 뛰어나다는 걸 내 잘 알고 있소이다."

"주군, 과찬의 말씀이시옵니다."

"과찬은, 그게 사실인 걸. 해서 내, 장군을 한중의 태수에 임명하기로 결정을 내렸소."

"네에? 소장을 한중 태수에!"

위연은 깜짝 놀랐다. 그러나 어느새 그의 입가에는 미소가 가물가물 피어올랐다.

"그렇소이다. 이제 장군은 그 임무를 어떻게 처리할 생각인지 말해 보시오."

유비가 묻자 위연이 곧바로 대답했다.

"만에 하나, 조조가 천하를 거머잡겠다고 날뛰면, 주군을 위해서 그를 기꺼이 막을 것이옵니다. 소장이 병사들을 키워 십만의 병사를 지휘할 수만 있다면, 주군을 위해서 조조와 조조의 군대를 싹 쓸어 버릴 것이옵니다."

"오, 과연! 위연 장군다운 말이오!"

위연의 거침없는 말에 유비의 입에서 감탄사가 툭툭 튀어나왔다.

그러나 제갈량이 위연을 보는 눈은 유비와 같지 않았다. 성격이 맞지 않아 심기가 불편했던 것이다.

'호탕하고 지락이 뛰어난 것은 인정한다. 하지만 자기의 재주를 과신하고 다른 사람을 업신여기는 게 탈이야. 언젠가는 그것이 화근이 되어 업신여김을 당한 사람에게 앙갚음을 당할 게 뻔하다. 어디 그뿐인가. 위연의 목덜미에는 이상한 뼈가 거꾸로 솟아 있어. 아무래도 예감이 불길해…….'

그 이상한 뼈를 보고 제갈량은 위연이 언젠가는 반드시 모반할 표시라고 생각했다.

또한 위연은 위연대로 역시 제갈량이 마음에 들지 않았다.

'이 겁쟁이 공명. 나는 내 용맹과 책략을 마음껏 쓰고 싶다. 그런데 왜 막는 거야. 뭐 재고 계산할 게 그리 많단 말인가. 조조 같은 게 뭐가 그리 무섭다고. 후닥닥 달려가서 팍 깨 버리면 그만인 걸. 에휴, 답답해. 에휴우······.'

위연은 가슴을 퍽퍽 치면서 한숨을 푹푹 내쉬었다.

그러던 어느 날 밤이었다.

위연이 꿈을 꾸었다.

"거참······."

잠에서 깨어난 위연은 꿈속 장면들이 너무나 또렷하게 그려졌다. 그러나 그 뜻을 알 수가 없어 무척 궁금했다.

그래서 날이 밝자, 행군사마(行軍司馬) 조직(趙直)을 찾아갔다.

"어서 오십시오. 그런데 무슨 일로 오셨는지?"

"어젯밤에 나는 참으로 이상한 꿈을 꾸었소."

"이상한 꿈을 꾸셨다? 그럼, 꿈 이야기를 해 보시지요."

고개를 갸우뚱한 위연이 말했다.

"꿈에 난 참으로 이상한 모습이었소. 내 머리에 뿔 두 개가 나 있었소. 속 시원하게 해몽 좀 해 주시오."

고개를 끄덕인 조직이 대답했다.

"참으로 귀한 꿈이군요. 그 꿈을 풀이하면 이렇습니다. 기린의 머리에도 뿔이 있고, 청룡의 머리에도 뿔이 나 있지요. 그러니 지금 그 모습이 변해서 하늘로 올라갈 상(相)입니다. 그러니 천하에 보기 드문 좋은 꿈을 꾸신 겁니다."

그러나 조직이 속으로 해몽한 것은 위연에게 말한 것과 전혀 달랐다. 위연에게는 뿔이라는 뜻인 '각(角)'이라고 말했지만, 사실은 칼이라는 뜻인 '도(刀)'로 풀었다. 그리고 위연에게는 하늘로 올라가는 '용(龍)'이라고 말했지만, 사실은 쓸 '용(用)'으로 풀었다. 이것은 합해서 풀면 '이 꿈을 꾼 사람은 칼에 목이 잘린다'는 천하에 보기 드문 나쁜 꿈이었던 것이다.

'이제 나는 천하를 얻게 되는 거다, 하하하······.'

이렇게 생각한 위연은 조직에게 들은 해몽만 믿고 모반을 계획하기 시작했다.

그런데 위연의 모반을 미리 알아차린 제갈량은 자신이 죽기 전에 이런 일을 대비해서 책략을 세워 두었다.

제갈량이 세워 둔 책략에 따라 마대가 모반을 계획하는 위연 편을 들었다. 그러고는 기회를 기다렸다.

그러던 어느 날, 마침내 기다리던 기회가 왔다.

"에잇!"

"으악!"

마대가 칼을 뽑아 들고 위연의 목을 내리쳤다.

조직이 해몽한 것이 그대로 들어맞은 것이다. '이 꿈을 꾼 사람은 칼에 목이 잘린다'는 꿈풀이가.

 읽으면서 바로 배우는 한자

反 뒤집힐 반

反則(반칙) : 규정이나 법칙을 어긴다는 말.

反哺之孝(반포지효) : 까마귀 새끼가 자라서 늙은 어미에게 먹이를 물어다 주는 효성이라는 뜻으로, 자식이 자라서 부모를 잘 모신다는 말.

反哺報恩(반포보은) : 자식이 자라서 부모가 길러 준 은혜에 보답하는 것을 이르는 말.

反感(반감) : 1. 반대하거나 반항해서 품는 나쁜 감정.
          2. 노여운 감정.

反亂(반란) : 정부나 다스리는 사람에 반대하여 무리지어 일으키는 무력 행동.

反比例(반비례) : 1. 한쪽 양이 커질 때 다른 쪽 양이 그와 같은 비례로 작아지는 관계.
            2. 어떤 사실에 반대로 견주어짐.

反省(반성) : 자신의 행위에 대해 잘못이나 모자람을 스스로 돌이켜 봄.

賊反荷杖(적반하장) : 잘못한 사람이 도리어 잘한 사람을 나무랄 경우에 쓰는 말.

骨 뼈 골

刻骨難忘(각골난망) : 고마운 마음이 뼈에 새겨지듯 잊히지 아니함.

骨肉相爭(골육상쟁) : 가까운 혈족끼리 서로 싸움.

骨材(골재) : 콘크리트나 모르타르에 쓰이는 모래나 자갈 등의 재료.

白骨難忘(백골난망) : 남에게 큰 은덕을 입었을 때 고마움을 나타내는 말.

粉骨碎身(분골쇄신) : 1. 참혹하게 죽음.
2. 목숨을 내놓고 있는 힘을 다함.

皮骨相接(피골상접) : 살가죽과 뼈가 맞붙을 정도로 몹시 마름.

言中有骨(언중유골) : 말 속에 뼈가 있다는 뜻으로, 예사로운 표현 속에도 중요한 뜻이 들어 있다는 말.

換骨奪胎(환골탈태) : 1. 얼굴이 전보다 훨씬 아름다워지고 환하게 틔어서 딴 사람처럼 됨.
2. 남이 지은 글의 뜻을 본떠서 지었으나, 더욱 아름답고 새로운 글이 됨.

骨品制度(골품제도) : 신라 때, 성골과 진골, 육두품에서 일두품까지로 구분한 신분 제도.

대기만성(大器晚成)

大 : 클 대
器 : 그릇 기
晚 : 늦을 만
成 : 이룰 성

풀이
큰 그릇은 늦게 이루어진다는 뜻으로, 크게 될 인물은 오랜 공적을 쌓아서 늦게 이루어진다는 말.

동의어
대기난성(大器難成)

유사어
대재만성(大才晚成)

출전 : 《후한서(後漢書)》〈마원전(馬援傳)〉, 《노자(老子)》〈사십일장(四十一章)〉

대기만성(大器晚成)

넌 왜 그 모양이냐?

위나라에 최염(崔琰)이라는 장군이 있었다. 최염은 체격이 아주 좋고, 잘생겨서 이름이 널리 알려진 장군이었다.
"아니, 넌 왜 그 모양이냐?"
"저 그게……."
아버지 앞에 꿇어앉은 최림은 뒷머리만 벅벅 긁었다.
"네 사촌 형을 좀 본받아. 장터에 가서 지나가는 사람을 붙들고 물어 봐라. 네 사촌 형 최염을 아느냐고 말야."
"해 봤지요."
"그랬더니 뭐라든?"
"다 알더라고요."
"너를 아느냐고도 해 봤느냐?"
"해 봤지요."
"그랬더니?"

"저, 그게……."

"에이, 쯧쯧쯧……."

체격 좋고 잘생긴 최염 장군의 사촌 동생 최림(崔林)은 체격도 작고 삐쩍 말라서 아주 볼품이 없었다. 그래서인지 출세도 못하고 집안 식구는 물론이고 친척에게까지도 눈총을 받으면서 지냈다.

하지만 최염만은 최림의 인물됨을 꿰뚫어 보고 있었다.

그러던 어느 날이었다.

"아우야, 네가 지금 사람들한테 왕따를 당한다고 너무 마음 아파하지 마라. 큰 종(鐘)이나 큰 솥은 쉽게 만들어지는 게 아니란 걸 너도 잘 알고 있지?"

"네, 형님."

"그렇다면 너도 기죽지 말고 열심히 살아야 한다. 큰 종이나 큰 솥이 쉽게 만들어지는 게 아닌 것처럼 큰 인물도 대성(大成)하기까지는 오랜 시간이 걸리는 게야. 너도 그런 대기만성(大器晩成)형이야. 아우야, 두고 봐라. 넌 틀림없이 큰 인물이 될 게다. 그런 만큼 너도 노력을 게을리 해서는 안된다, 알았지?"

"네, 형님."

과연 최염 장군의 말은 딱 들어맞았다.

마침내 사촌동생 최림이 천자(天子)를 보좌하는 삼공(三公) 중의 한 사람이 된 것이다.

《후한서(後漢書)》〈마원전(馬援傳)〉에는 다음과 같은 이야기가 있다.

후한을 세운 광무제(光武帝 : 재위 25-57) 때, 복파장군(伏波將軍) 마원(馬援)이라는 명장이 있었다. 복파장군이란 전한(前漢) 이후에 큰 공을 세운 장군에게만 주어지는 칭호이다.

마원이 처음으로 지방 관리가 되어 부임을 앞두고 있을 때였다.

마원이 최황(崔況)을 찾아갔다.

"형님, 제가 관리가 되었습니다. 비록 작은 고을이지만, 열심히 일하겠습니다."

그러자 최황이 마원에게 이렇게 충고했다.

"너는 대기만성형이다. 솜씨 좋은 목수는 산에서 베어 온 거친 원목을 시간과 노력을 들여서 좋은 목재로 다듬어 낸다. 너도 네가 가진 그 좋은 재능을 시간과 노력을 들여서 잘 갈고 닦으면 반드시 큰 인물이 될 게다. 그러니 노력하고 또 노력해라."

"네, 형님."

그 후, 마원은 쉬지 않고 무예를 익히면서 자신의 몸과 마음을 갈고 닦았다. 그리고 학문을 익히는 데도 게을리하지 않았다.

이렇게 변방에 있는 작은 고을의 관리로 시작한 마원은 노력에 노력을 거듭해서 복파장군의 자리에까지 오르게 되었다.

《노자》〈사십일장〉에, '큰 네모[사각(四角)]는 모서리가 없고 큰 그릇은 늦게 만들어진다[대방무격 대기만성(大方無隔 大器晩成)]'는 구절이 있다. 이것은 큰 인물은 오랜 시간에 걸쳐 만들어진다는 뜻이다.

 읽으면서 바로 배우는 한자

大 클 대

誇大妄想(과대망상) : 자기의 현실을 과장해서 사실이라고 믿는 생각.

公明正大(공명정대) : 아주 공정하고 떳떳함.

怒發大發(노발대발) : 몹시 성을 냄.

大氣圈(대기권) : 지구를 싸고 있는 대기의 범위.

大同小異(대동소이) : 거의 같고 조금 다름.

大書特筆(대서특필) : 어떤 일을 특히 드러내 보이려고 큰 글자로 두드러지게 나타내거나 큰 무게를 주어 씀.

拍掌大笑(박장대소) : 손뼉을 치며 크게 웃음.

大驚失色(대경실색) : 몹시 놀라서 얼굴빛이 하얗게 됨.

大明天地(대명천지) : 환하게 밝은 세상.

器 그릇 기

計算器(계산기) : 계산을 빠르고 정확하게 하기 위해 사용하는 기구.

舊石器(구석기) : 원시 인류가 돌을 깨뜨려서 만들어 쓴 생활 기구.

擴聲器(확성기) : 소리를 크게 해 멀리 들리게 하는 기구.

晩 늦을 만

晩秋佳景(만추가경) : 늦가을의 아름다운 경치.

晩鐘(만종) : 저녁때를 알리는 종소리나 해질 무렵의 종소리.

晩時之歎(만시지탄) : 기회를 놓쳐 뒤늦었음을 안타까워하는 탄식.

晩學(만학) : 나이가 들어 늦게야 배움.

早晩間(조만간) : 1. 이르든지 늦든지 언제고.
 2. 앞으로 멀지 않아.

成 이룰 성

光合成(광합성) : 녹색 식물의 엽록체가 공기 중에서 빨아들인 이산화탄소와 뿌리에서 흡수한 수분으로부터 탄수화물을 생성하는 과정.

成文法(성문법) : 문자로 나타내어 문서의 형식을 갖춘 법률.

所願成就(소원성취) : 바라던 바를 이룸.

集大成(집대성) : 여러 가지를 많이 모아 크게 하나의 체계를 이룸.

門前成市(문전성시) : 어떤 집 문 앞이 찾아오는 사람으로 마치 저자를 이룬 것 같음.

 # 파죽지세(破竹之勢)

破 : 깨뜨릴 파
竹 : 대나무 죽
之 : 갈 지, 어조사 지
勢 : 기세 세

풀이
대나무를 쪼개는 기세라는 뜻으로, 맹렬한 기세나 세력이 막강해서 상대할 만한 적이 없음을 이르는 말. 또한 세력이 막강해서 아무 저항도 받지 않고 쳐들어가는 당당한 기세를 이르는 말.

동의어
영인이해(迎刃而解)

유사어
사기충천(士氣衝天) : 하늘을 찌를 듯한 높은 사기라는 뜻.
승승장구(乘勝長驅) : 싸움을 이긴 김에 계속 휘몰아 간다는 뜻.
욱일승천(旭日昇天) : 아침 해가 떠오르는 듯한 기세라는 뜻.

출전 : 《진서(晉書)》〈두예전(杜預專)〉

파죽지세(破竹之勢)

오나라의 도읍으로 진군!

위나라의 신하로서 권력을 잡고 흔들던 사마염은 원제(元帝)를 폐한 뒤에 스스로 제위(帝位)에 올라 무제(武帝 : 재위 265-290년)라 하고 모든 신하들과 장군들을 모아 놓고 선포했다.

"모두들 들으시오. 이제부터 나라의 이름을 진(晉)이라고 하겠소."

이렇게 해서 천하를 나누어 세력을 다투던 위나라와 오나라, 그리고 촉나라 삼국 중에서 유일하게 남아 있는 오나라와 진나라가 천하를 나누어 힘을 겨루게 되었다. 두 나라는 각각 군대를 정비하고 나라의 기강을 바로 잡으려고 노력했다.

그러던 어느 날이었다. 무제의 명령을 받은 진남대장군(鎭南大將軍) 두예(杜預)가 출격 신호를 보냈다. 두예는 병사들과 함께 오나라의 목을 서서히 조여 갔다.

전투는 밀고 밀리면서 점점 치열해졌다. 그러면서 두예는 전쟁터에서 한 해를 보내고 새해를 맞았다.

280년 2월, 무창(武昌)을 점령한 두예가 참모 회의를 소집했다. 두예가 지휘하는 군대의 모든 장군들이 한 자리에 모였다. 오나라를 일격에 공략하기 위한 마지막 작전 회의였다.

그때, 한 장군이 말했다.

"이제 곧 봄비가 내릴 겁니다. 이 지방에는 봄비가 많이 내립니다. 그러면 강물이 범람할 것이고, 전염병이 돌아서 많은 병사들이 희생될 겁니다. 지금 당장 오나라의 도읍을 친다는 건 어렵습니다. 그러니 일단 철군했다가 겨울에 다시 공격하는 게 어떻겠습니까?"

"좋은 생각이오. 잦은 봄비와 전염병은 병사들의 사기를 떨어뜨려서 전투하는 데 큰 장애물이 될 게 뻔합니다. 그러니 철군합시다."

찬성하는 장군들이 많았지만, 두예가 단호하게 말했다.

"그 옛날에, 악의(惡毅)는 제서(齊西)의 단 한 번 전투에서 승리를 거두어, 막강을 자랑하던 제(齊)나라를 차지했소. 파죽지세로 공략한 결과라 하오. 생각해 보시오. 지금 우리 병사들의 사기는 대나무를 쪼개는 기세[파죽지세(破竹之勢)]란 말이오. 대나무는 처음 두세 마디만 쪼개면 칼날을 대기만 해도 쪼개지는 법. 그런데 장군들은 왜 이런 다시없을 좋은 기회를 비와 병을 핑계로 버린단 말이오."

웅성거리던 장군들은 일제히 꿀 먹은 벙어리가 되었다.

"장군들은 지금 당장 나가서 각자 거느리고 있는 병사들의 용기를 북돋아 주고, 전투에 임할 준비를 시키시오. 우리는 역사적 대업을 위해 진격하는 것이니, 장군들은 명심하길 바라오. 모든 준비가 끝나면 곧바로 총공격 명령을 내릴 것이니, 철저하게 준비들 하시오!"

"존명!"

얼마 후, 부관이 두예에게 보고했다.

"모두 준비가 끝났습니다. 모두 명령만 기다리고 있습니다."

"좋다, 나가자! 진군! 오나라의 도읍으로 진군!"

두예가 모든 병사들에게 외쳤다.

오나라 수비군을 물리친 진나라 병사들은 파죽지세로 오나라의 도읍 건업[建業 : 남경(南京)]으로 단숨에 밀고 들어갔다.

오나라의 조정은 발칵 뒤집혔다.

"아, 이를 어쩐단 말인가? 적들은 이제 코앞까지 와 있소. 경들은 어찌하면 좋을지 말 좀 해 보시오."

"죄 없는 백성들을 살리시고, 후일을 기약하시옵소서."

"그렇다면, 항복을 하란 말인가?"

"그러하옵니다, 흐흐흑……."

다른 방법이 없었다. 오나라 황제 손호(孫皓)와 신하들은 서글펐다. 이렇게 해서 오나라는 280년에 멸망하고 말았다.

사마염이 세운 진[晉, 서진(西晉)]은 위나라, 촉나라, 오나라의 삼국 시대에 마침표를 찍고 천하를 통일했다.

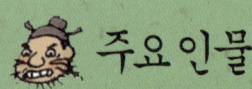
주요 인물

두예(杜預, 222-284)
진[晉, 서진(西晉)] 초의 장군이며 정치가로서, 또한 《춘추(春秋)》《고문상서(古文尙書)》를 통달한 학자로서도 이름을 떨쳤고, 자는 원개(元凱)이다. 그는 진나라의 초대 황제인 무제(武帝) 때 대장군(大將軍)이 되어 오나라를 정벌하고, 삼국 시대의 막을 내린 큰 공을 세웠다. 그가 지은 책으로는 《좌전집해(左專集解)》《춘추석례(春秋釋例)》 등이 있다.

 읽으면서 바로 배우는 한자

破 깨뜨릴 파

各個擊破(각개격파) : 적이 통합되어 있지 않은 틈을 타서 그 낱낱을 따로따로 격파함.

看破(간파) : 꿰뚫어 알아냄.

破格(파격) : 격식을 깨뜨림. 또는 그리 된 격식.

破鏡(파경) : 1. 깨어진 거울. 2. 부부의 영원한 이별을 비유하는 말.

破顔大笑(파안대소) : 즐거운 표정으로 한바탕 크게 웃음.

竹 대나무 죽

松竹之節(송죽지절) : 소나무같이 꿋꿋하고 대나무같이 곧은 절개.

雨後竹筍(우후죽순) : 비가 온 뒤에 여기저기 솟는 죽순이라는 뜻으로, 어떠한 일이 일시에 많이 일어남을 비유하는 말.

竹馬故友(죽마고우) : 대말을 타고 놀던 벗이라는 뜻으로 어릴 때부터 같이 놀며 자란 벗을 이르는 말.

竹杖芒鞋(죽장망혜) : 대지팡이와 짚신이라는 뜻으로, 먼 길을 떠날 때의 가벼운 옷차림을 이르는 말.

合竹扇(합죽선) : 얇게 깎은 겉대를 맞붙여서 살을 만든 쥘부채.

之 갈 지 어조사 지

隔世之感(격세지감) : 그리 오래지 않은 동안에 아주 바뀌어서 딴 세대가 된 것 같은 느낌.

結者解之(결자해지) : 맺은 사람이 풀어야 한다는 뜻으로, 자기가 관계했거나 저지른 일에 대해서는 자신이 그 일을 해결해야 한다는 말.

無用之物(무용지물) : 아무 데도 쓸모가 없는 물건이나 사람.

鳥足之血(조족지혈) : 새발의 피라는 뜻으로, 아주 적은 양을 이르는 말.

惻隱之心(측은지심) : 불쌍히 여겨서 언짢아하는 마음.

勢 기세 세

家勢(가세) : 집안 살림의 형세.

伯仲之勢(백중지세) : 서로 비슷해서 우열을 가리기 힘든 형세.

上昇勢(상승세) : 위로 올라가는 기세.

虛張聲勢(허장성세) : 실속이 없으면서 헛소문과 허세로만 떠벌림.

威勢(위세) : 1. 위엄 있는 기세.
           2. 맹렬한 세력.